AF600826

Bärenzwinger Berlin

KERBER ART

SPUREN
ARCHITEKTUREN
PROJEKTIONEN

TRACES
ARCHITECTURES
PROJECTIONS

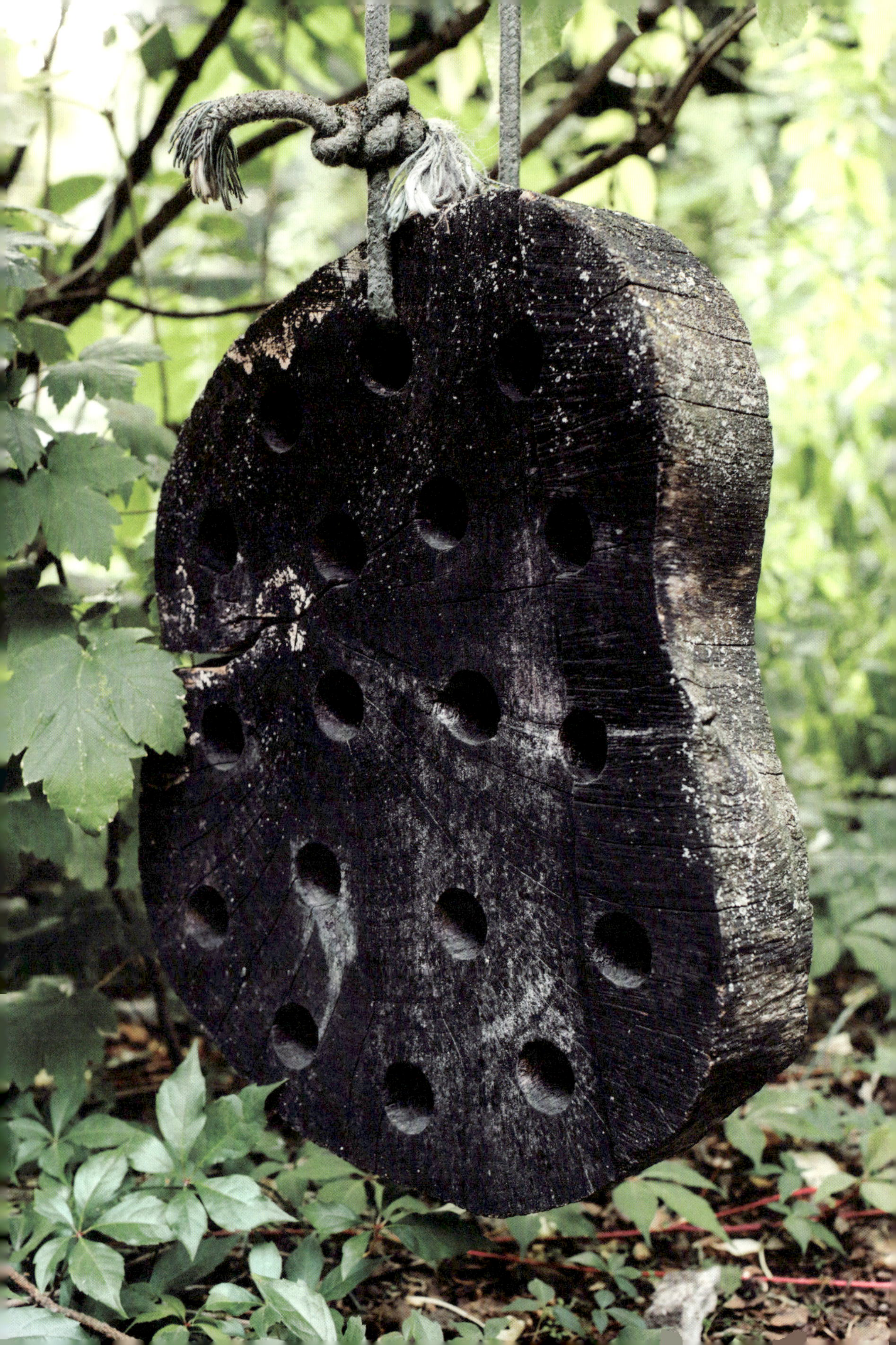

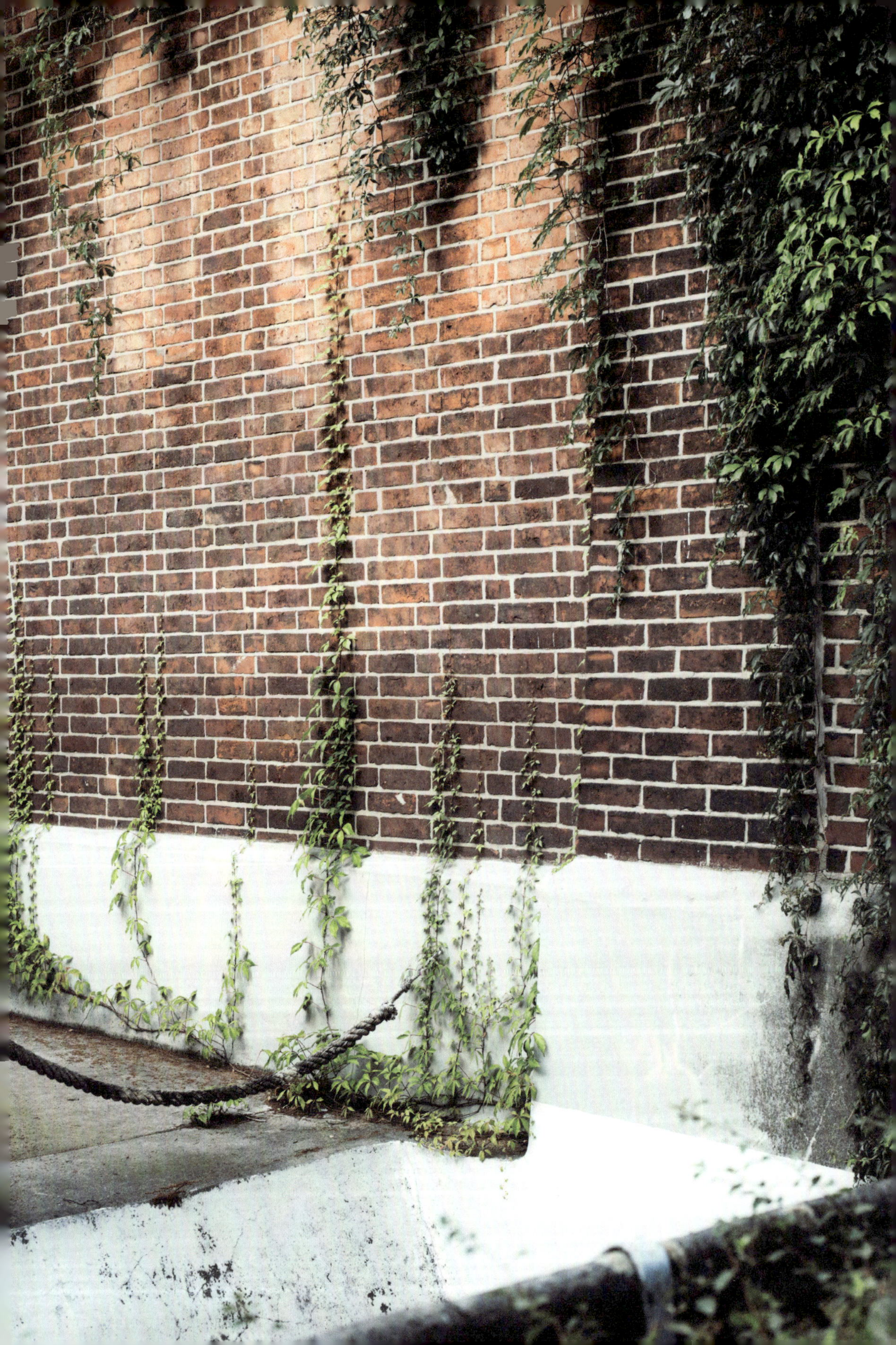

Vorwort

Der
Bärenzwinger befindet sich unweit der Spree am südlichen Zugang zum Köllnischen Park in der Berliner Stadtmitte. Umgeben von einer Grünfläche und alten Gebäuden bildet er zusammen mit dem von Ludwig Hoffmann erbauten Berliner Stadtmuseum und dem Lapidarium ein architektonisches Ensemble, das heute unter Denkmalschutz steht. Als die Stadtverwaltung eine Unterkunft für ihre Wappentiere suchte, ließ sie die ehemalige Bedürfnisanstalt der öffentlichen Stadtreinigung durch den Architekten Georg Lorenz zum Bärenzwinger umbauen. Nach der 700-Jahr-Feier Berlins kam es zu dem Entschluss für den Freiluftzwinger, der 1939 offiziell eingeweiht wurde. Während des Zweiten Weltkrieges wurde die Anlage mit drei Käfigen und zwei Auslaufflächen mit umgebenden Wassergräben teilweise zerstört und verschüttet. Erst 1949, nach der deutschen Teilung, wurde das Gehege wiedereröffnet. Seither kennen Generationen von Berliner*innen den Bärenzwinger und haben ihn im Gedächtnis der Stadt als symbolisches Stadtwappen verankert.

Nach dem Mauerfall war es nur durch private Spendenaufrufe möglich, die Modernisierung der Anlage in Gang zu

Foreword

The
Bärenzwinger is located close to the river Spree at the southern entrance of Köllnischer Park in the centre of Berlin. Surrounded by greenery and old buildings, it forms an architectural ensemble together with the Stadtmuseum Berlin, built by Ludwig Hoffmann, along with the Lapidarium, all of which are under monumental protection.
As the City Administration sought accommodation for its heraldic animals, the architect Georg Lorenz converted the building originally used by the public sanitation department into a bear enclosure. Following Berlin's 700th anniversary, the decision for the open-air enclosure was made which then officially opened in 1939. During World War II, the enclosure – comprising three cages and two open-air runs with surrounding moats – was partially destroyed and buried. Not until 1949, after Germany was divided, did the enclosure reopen. Henceforth the Bärenzwinger has been known to generations of Berliners and has been etched into their collective memory as the city's symbolic coat of arms.

After the fall of the Wall, it was only thanks to private appeals for donations that it was possible to commence with

bringen, bis das Land Berlin die Kosten für den Einbau einer Fußbodenheizung und einer Lichtkuppel übernahm. Bis 2015 beherbergte der Zwinger die stadtweit bekannten Tiere bis an deren Lebensende. Danach blieb der Zwinger unbesetzt. Es war klar, dass aus Tierschutzgründen hier keine Bären mehr gehalten werden. Doch was nun? Sollte die denkmalgeschützte Gebäudeanlage abgerissen werden? Welche Nutzung war für den nun funktionslosen Bau denkbar? Es fehlten die Ideen und eine tragende Finanzierung. Eine Lücke im Gebäudeensemble war stadträumlich ebenfalls keine Option. In den Bebauungsplänen für die nördliche Luisenstadt spielte der Bärenzwinger keine nennenswerte Rolle, bis sich das Bezirksamt Mitte dazu entschloss, die Liegenschaft zu behalten und im Fachbereich Kunst und Kultur ein künstlerisches und wissenschaftliches Stadtlabor anzusiedeln.

Seit 2016 entwickeln nun Absolvent*innen von Kunsthochschulen und Universitäten mit Künstler*innen und Stadtplaner*innen gemeinsam mit dem Fachbereich ein Programm, das den Ort erforscht und erstmals für jede*n zugänglich macht. Die Ausstellungen erstrecken sich über die einzelnen Stadtdiskurse und die künstlerischen Praxen einer neuen Künstler*innengeneration. In der vorliegenden Publikation kann man verfolgen, wie die Künstler*innen mit dem Standort umgehen und

the modernisation of the facility, before the State of Berlin assumed further costs of installing underfloor heating and a skylight dome. Until 2015, the Bärenzwinger housed the Berlin-famous animals until they passed away. Thereafter, the bear enclosure remained unoccupied, and with mounting doubts concerning animal welfare, it was clear that no bears would be kept here anymore. What now? Should the building under monumental protection be torn down? What would qualify as a use for the site now void of function? The ideas were missing, as was the necessary funding. For urban development, leaving an empty space amidst the ensemble of buildings was no viable option. Within the development plans for the northern “Luisenstadt” the future of the Bärenzwinger was not a matter of priority until the Mitte District Office resolved to keep the property, transferring responsibility to the Art and Culture Department for an artistic and scientific city laboratory.

Since 2016, graduates of art colleges and universities, together with artists and urban planners, have been developing a programme with the department that explores the site and for the first time makes it accessible to everyone. The exhibitions cover urban discourses through to artistic practices of a new generation of artists.

ihn mit der Stadt zu verbinden wissen. Der Parcour reicht vom olfaktorischen Ausgangspunkt der ersten drei Werkkomplexe über Positionen zu Segregation durch Architektur bis hin zu einem Schwerpunkt, in dem die komplexen Themen eng verwoben werden und nicht mehr unterscheidbar ist, was an ein unmittelbares Realitätsverständnis anknüpft und was fiktive Erzählung ist. Eingang in das Buch fanden auch die Vorträge des wissenschaftlichen Symposiums, das den theoretischen Kern des künstlerischen Forschungsfeldes im Bärenzwinger umriss. Hier wurde die alles entscheidende Frage nach dem Verhältnis von Kulturerbe und zeitgenössischer Kunst gestellt. Wie schwierig sich die Beziehung zwischen historischer Substanz und Gegenwart gestaltet und wie sich diese tradierte Grenzziehung auflösen kann, war Gegenstand der Debatte. Kunst kann Gebäude, deren einstige Funktion verloren ging, nicht nur kritisch interpretieren. Sie macht Geschichte wieder gegenwärtig. Wie das Ausstellungsprogramm im Bärenzwinger gezeigt hat, vermag Kunst eine Vielzahl an Bezügen aufzugreifen, zu vertiefen und neu zu verknüpfen. In den künstlerischen Dialogen der Programmreihe im Bärenzwinger ist die Zukunft für den Standort bereits sichtbar geworden.

Within this publication we can observe how the artists interact with the location and connect with the city.

We trace the olfactory starting point of the first three bodies of work, through to positions on segregation imposed by architecture, before arriving at a focal point in which these complex themes are closely interwoven and the lines between the immediate understanding of reality and a fictitious narrative become blurred. The lectures given in the scientific symposium, which outlined the theoretical core of the artistic field of research in the Bärenzwinger, have also found their place in the book. Here, the fundamentals of the relationship between cultural heritage and contemporary art were addressed. Exploring the intricacies of the relationship between historical substance and the present, and how this traditional demarcation can be dissolved, provided a basis for this debate. Not only is art capable of critically interpreting buildings whose former function has been suspended – it also serves to pull history back into the present. Illustrated by the Bärenzwinger's exhibition programme, art has the potential to capture, deepen, and reconnect a multitude of relations. Amidst the artistic dialogues featured in the programme series, the future of the site has already become visible.

Ute Müller-Tischler

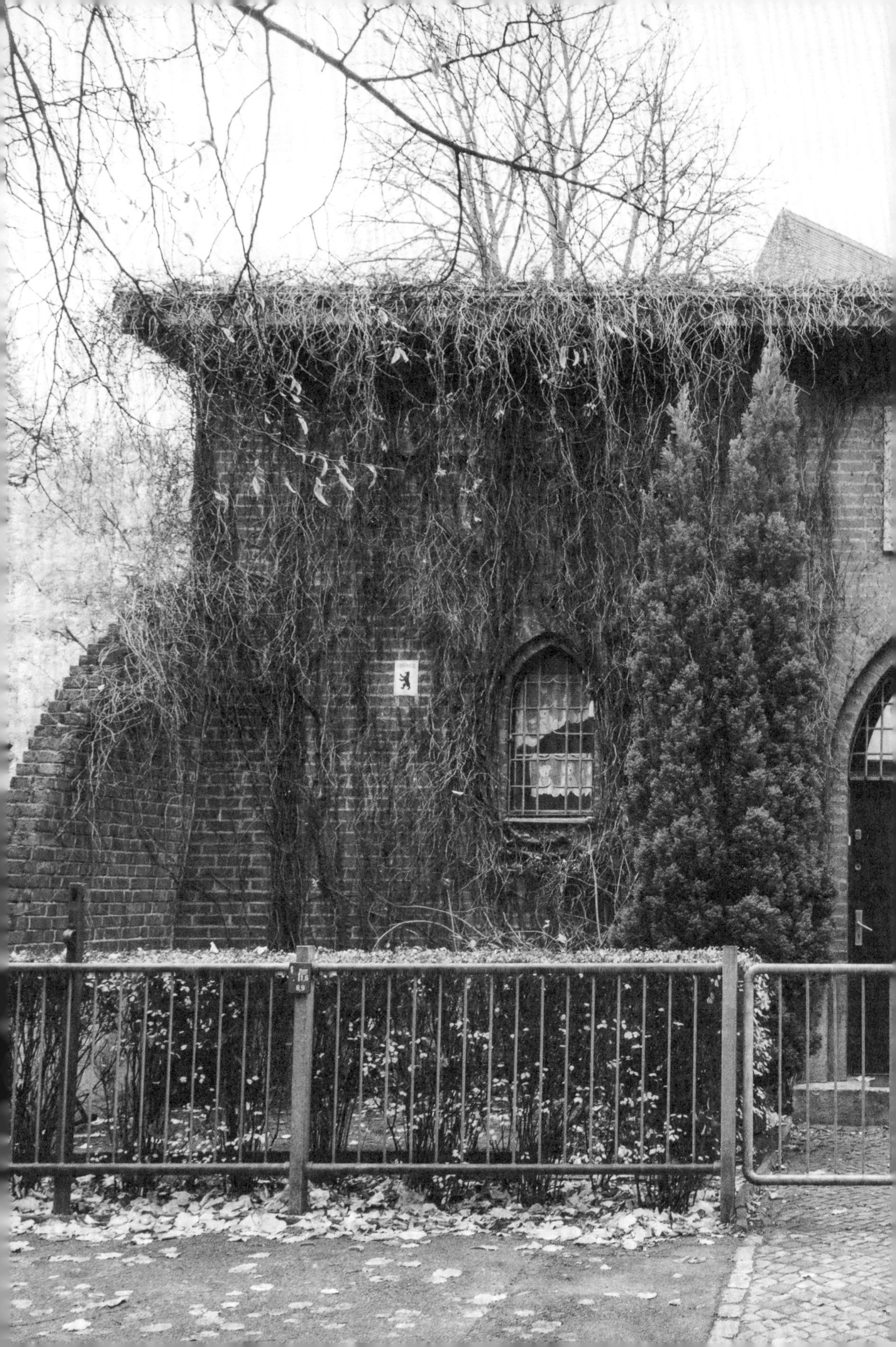

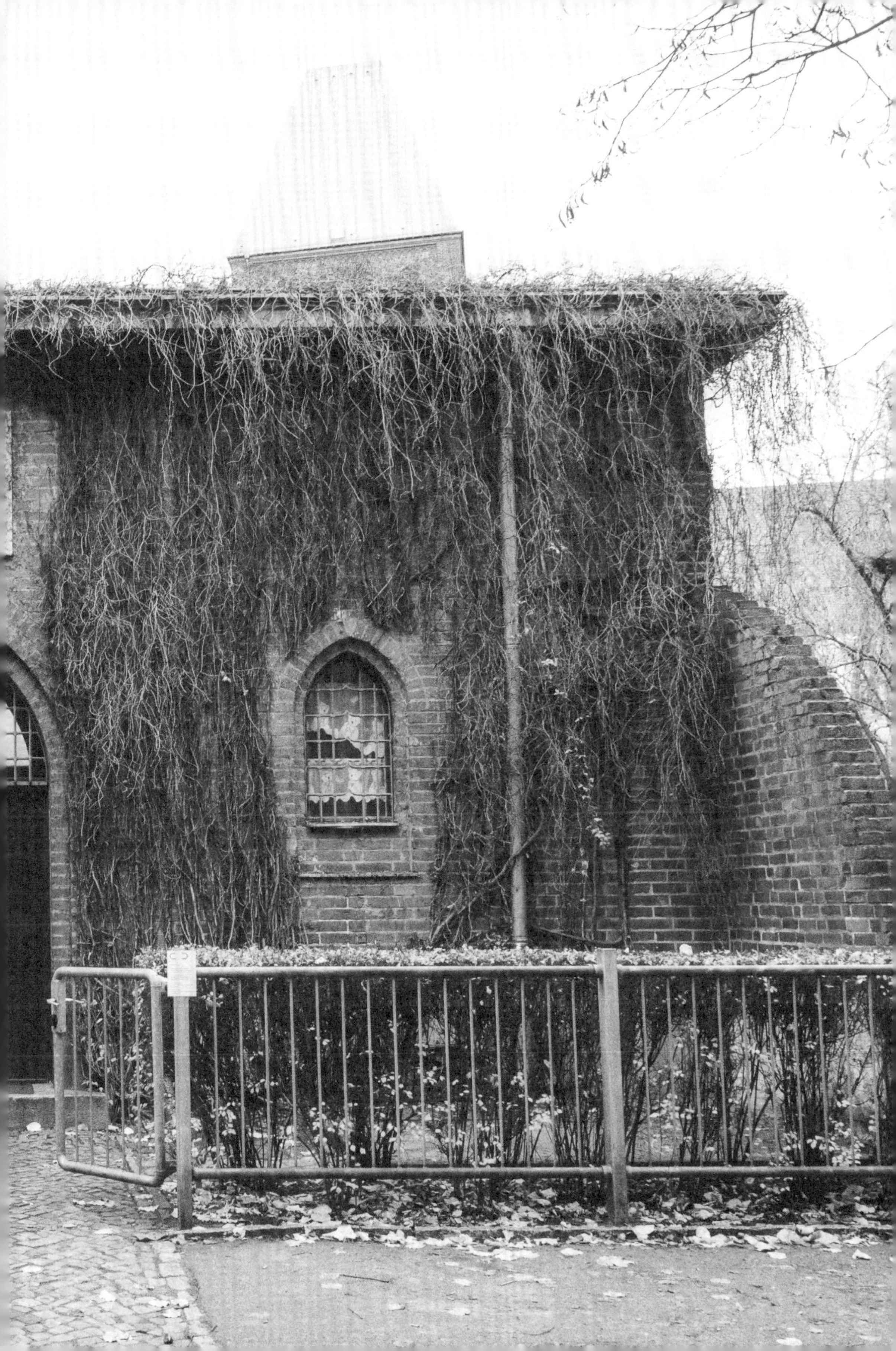

Kuratorisches Programm

Das
kuratorische Programm des Bärenzwingers für den Zeitraum von September 2017 bis Januar 2019 wurde aus einer Auseinandersetzung mit der Geschichte des Areals samt der dort lebenden nichtmenschlichen Tiere und ihrer Wärter*innen, der Besucher*innen und auch Kritiker*innen heraus entwickelt und öffnet sich vielfältigen Formen und Formaten. Es lotet das Potenzial des Ortes für historische, umweltpolitische, kulturelle und künstlerische Interventionen aus und geht etwa auf die Rolle von Bärenzwinger und Bären im Rahmen der kulturellen und gesellschaftlichen Identitätsstiftung der Stadt ein, auf die Architektur des Geländes und dessen urbanistische Einbindung sowie auf ökologische und tierschutzrechtliche Diskurse, die an den Bärenzwinger gekoppelt sind.

Der zuvor fast zwei Jahre leerstehende Bärenzwinger birgt noch immer zahlreiche Spuren seiner Nutzungsvergangenheit als langjähriges Domizil der Berliner Symbolträger.
Davon ausgehend gliedert sich das Ausstellungsprogramm in drei thematische Schwerpunkte. Der erste mit dem Titel ›Spuren des Animalischen‹

Curatorial Programme

The
curatorial programme at Bärenzwinger from September 2017 to January 2019 is based on an analysis of the location's history, the non-human animals that inhabited it and their keepers, its visitors, and its critics, and it opens up to various forms and formats. The programme explores the grounds' potential for historical, environmental, cultural, and artistic interventions, focusing on the role of the bear enclosure and its inhabitants in relation to the cultural and social identity of the city, the architecture of the site and its urban integration, as well as engaging in discourses surrounding matters of ecology and animal welfare that pertain to the bear enclosure.

The bear enclosure has been empty for almost two years but still contains numerous traces of its former use as an established home for Berlin's symbolic bears. The exhibition programme thematises three core areas: "Traces of the Animalic" [Spuren des Animalischen] addressed the perceptible absence and presence of the bears; "Architectures of Segregation" [Architekturen der Segregation], swept through both the internal and external grounds of the bear enclosure,

Eröffnung
01.09.2017

“Projections of Indistinguishability” [Projektionen der Ununterscheidbarkeit], developed ideas for perspectives and future scenarios of the bear enclosure.

befasste sich mit der spürbaren Absenz / Präsenz der Bären. Diese Spuren im und um das eingewachsene Gebäude herum wurden gelesen und künstlerisch transformiert, ohne den Ort dabei zu musealisieren. Danach wurde der Bärenzwinger von Ausstellung zu Ausstellung sukzessive, aber behutsam modifiziert. Der zweite Schwerpunkt fokussierte ›Architekturen der Segregation‹, die sowohl die Innen- als auch die Außenräume des Bärenzwingers durchziehen. Unter dem Titel ›Projektionen der Ununterscheidbarkeit‹ entwickelte der dritte kuratorische Programmpunkt schließlich Ideen für Perspektiven und zukünftige Szenarien des Bärenzwingers.

I Ursus Olfaciens
13.09. – 29.10.2017

II Fur Agency
11.11.2017 – 05.01.2018

III Hibernation
20.01. – 10.03.2018

IV Habitat
24.03. – 06.05.2018

V Swinger
19.05. – 01.07.2018

VI Grabenblicke
13.07. – 26.08.2018

VII Aktive Asche
16.09. – 21.10.2018

VIII meeting with the other as such, but still
16.11.2018 – 27.01.2019

Symposium
26. – 27.10.2018

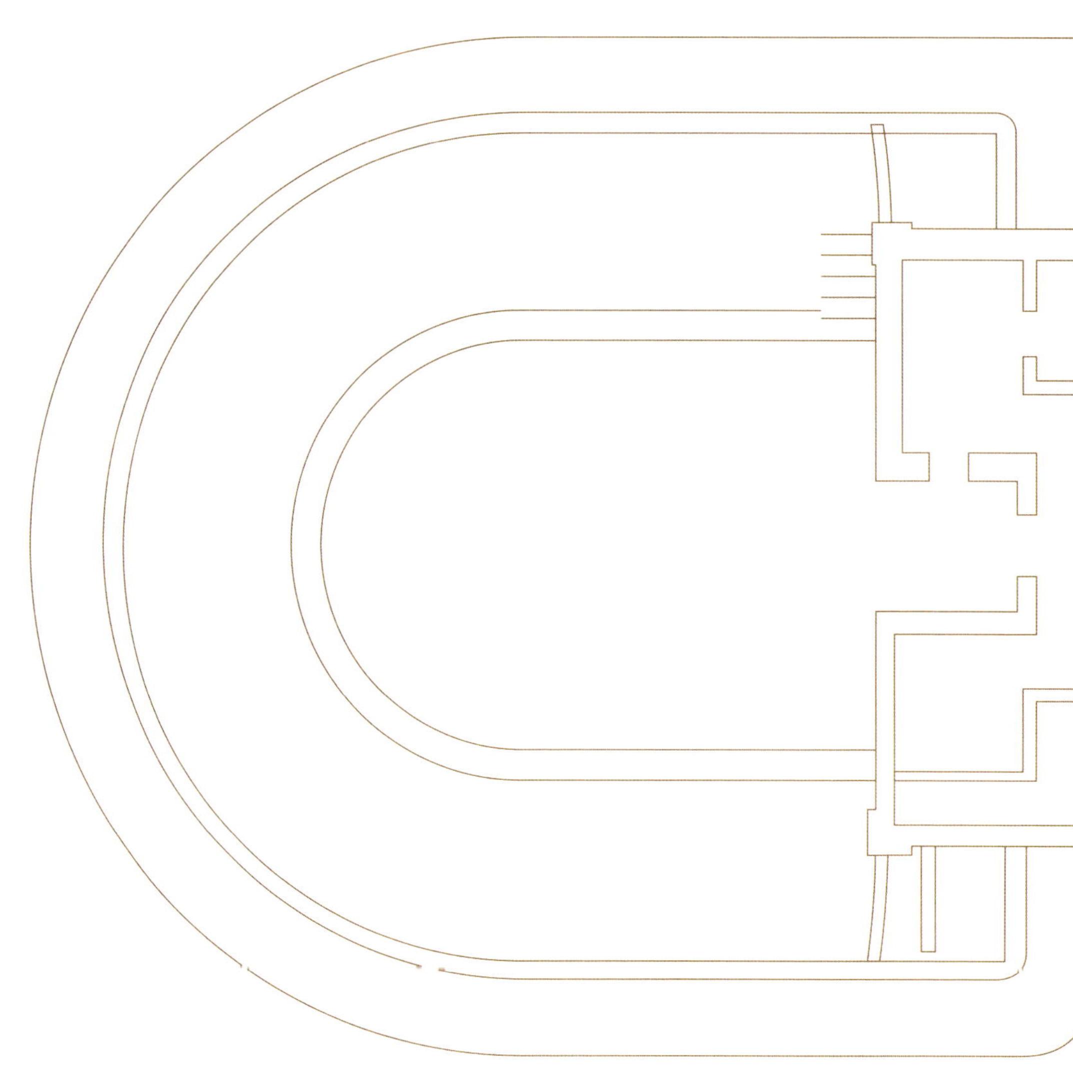

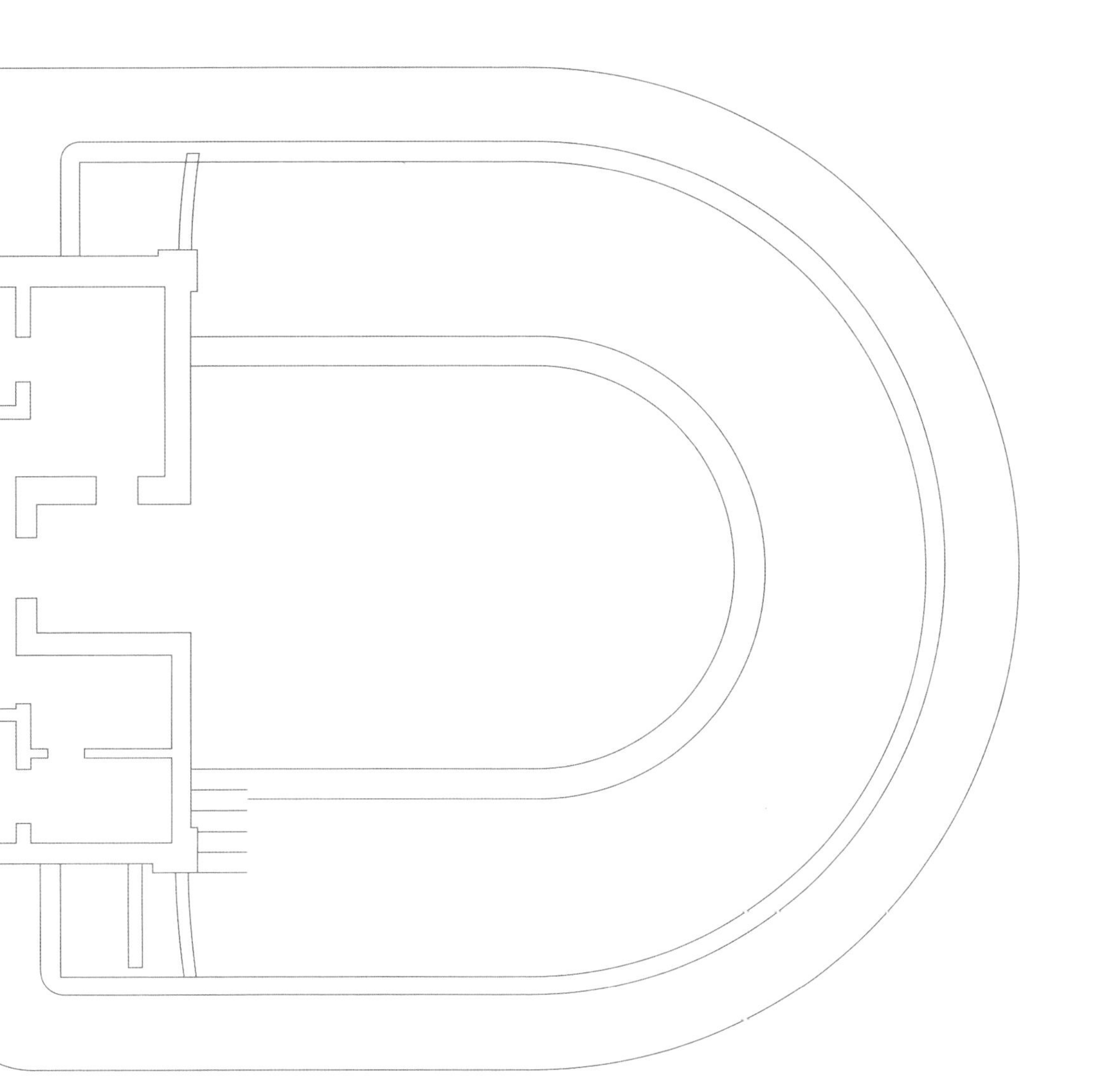

BAER

Eröffnung des Bärenzwingers als Kulturstandort

Das
Ausstellungsprogramm im Bärenzwinger startet unter dem Titel ›Baer Witness‹. Zum Auftaktevent präsentieren Stine Omar und Max Boss von EASTER das Musikvideo für ihre neue Single ›CUPPA‹, dessen narrative Szenen im Bärenzwinger stattfinden. Gedreht von Dorian Jesper in den Außengehegen, den Wärter*innenräumen und den Bärenkäfigen, bezieht es Performances von Künstlerin Alaa Abdullatif, Tänzer / DJ / SAD Josh Johnson und Musiker / Yogalehrer Frankensnyder mit ein.

Wie schon im Video für ihren Track ›THE HEAT‹ [2013], das im künstlich angelegten, tropischen Ökosystem des am Rande des Spreewalds gelegenen Erholungsresorts Tropical Islands gedreht wurde, machen EASTER in ›CUPPA‹ improvisierten Gebrauch von den ortsspezifischen Gegebenheiten. Der einst zur Haltung von Braunbären mitten in der Stadt gelegene Ort wird Tragfläche für die minimalistisch-synthetischen Klangsphären des Duos und die performative Kollaboration.

Opening of the Bärenzwinger as a Cultural Venue

The
Bärenzwinger begins its exhibition programme entitled "Baer Witness". For the opening event, Stine Omar and Max Boss [EASTER] present the music video for their new single "CUPPA", whose narrative scenes were filmed by Dorian Jesper at the Bärenzwinger in the outdoor enclosures, guardrooms, and bear cages. The video includes performances by artist Alaa Abdullatif, dancer / DJ / SAD Josh Johnson, and musician / yoga instructor Frankensnyder.

As in the video for "THE HEAT" [2013], shot in the artificial tropical ecosystem of the Tropical Islands resort situated on the outskirts of the Spreewald, EASTER improvises with site-specific conditions. The site, once used to house brown bears in the city centre, becomes the platform for the duo's minimalistic-synthetic sound spheres and performative collaboration.

Accompanying the video launch are the sound piece "Rip" by Alas, aka Alaa Abdullatif, and a performance by Julia König entitled "A Strong Grip

EASTER
JULIA KÖNIG
ANNE-SOPHIE KNEER
ALAA ABDULLATIF

WITNESS

Der Videolaunch am Eröffnungsabend wird neben dem Soundpiece ›Rip‹ von Alas aka Alaa Abdullatif, von der Performance ›A Strong Grip A Soft Face‹ von Julia König mit Uri Zamir, Max Gertzen, Julius Metzger und Jonathan Omer Mizrahi begleitet. Darüber hinaus nimmt Königs skulpturale Begegnung mit dem Bärenzwinger in Form und Struktur Bezug auf das im Außengehege von einem Baumstamm herabhängende ›Bärenspielzeug‹. Vom Menschen imaginierte Naturszenarien treffen auf Regeln der zoologischen, städtischen Raubtierhaltung und bringen eigenartige Hybridwesen hervor.

Anne-Sophie Kneer evoziert die Spuren der letzten im Zwinger lebenden Bärin Schnute und hilft ihr, den Bärenzwinger – post mortem – zu verlassen. Eine in jenen Bereichen der Innen- und Außenräume des Zwingers, in denen sie sich zu Lebzeiten nicht fortbewegen konnte, aufgetragene Pigmentspur trägt die Tatzenabdrücke der Bärin. Die Abdrücke vermischen sich mit denen der Besucher*innen, bis sie unter ihnen verwischen und nach Draußen getragen werden.

A Soft Face" with Uri Zamir, Max Gertzen, Julius Metzger, and Jonathan Omer Mizrahi. König's sculptural encounters with the Bärenzwinger reference the form and structure of a bear toy found hanging from a tree trunk. Peculiar hybrids emerge in a natural scenario designed by humans according to the parameters of zoological, urban enclosure.

Anne-Sophie Kneer evokes the traces of Schnute, the last bear who lived there, in order to help her escape from her bear dungeon postmortem. A fine powder containing paw prints appears in the interior and exterior spaces of the enclosure that the bear was unable to access during her lifetime. The prints mingle with those of the visitors until they blur and are carried outside.

Kuratiert von
Nadia Pilchowski

EASTER
Die Norwegerin Stine Omar und der Berliner Max Boss sind gemeinsam EASTER. Mit Omars lyrisch-stoischem Sprechgesang und den minimalistisch-synthetischen Klangsphären des Produzenten Boss bewegt sich EASTER zwischen Performance und Soundinstallation.

Julia König
studierte Audiovisuelle Medien an der Universität der Künste Berlin. Ihre Arbeiten sind zeit- und medienbasierte Installationen, oft kombiniert mit performativen Elementen. Sie ist Mitgründerin und künstlerische Leitung des Ausstellungskollektivs ›team titanic‹.

Anne-Sophie Kneer
Meisterschülerin der Universität der Künste Berlin, arbeitet medienübergreifend mit Malerei, Zeichnung und skulpturalen Installationen sowie internetbasierter Kunst.

Alaa Abdullatif
ist eine in Berlin lebende, ägyptische Künstlerin. Mit ihren sphärischen ›ambient sounds‹ schafft sie auditive Abdrücke von Umgebungen und Dingen.

EASTER
The Norwegian Stine Omar and Berliner Max Boss are EASTER. With Omar's lyrically-stoic recitative combined with the minimalistic-synthetic soundscapes of the producer Boss, EASTER oscillates between performance and sound installation.

Julia König
studied audiovisual media at the Berlin University of the Arts. Her works are time- and media-based, often incorporating performative elements. She is the co-founder and artistic director of the "team titanic" exhibition collective.

Anne-Sophie Kneer
studied at the Berlin University of the Arts works cross-media with painting, drawing, and sculptural installations as well as Internet-based art.

Alaa Abdullatif
is an Egyptian Berlin-based artist. With her spherical ambient sound she creates auditive imprints of environments and objects.

A Strong Grip A Soft Face
Performance mit Uri Zamir, Max Gertzen, Julius Metzger und Jonathan Omer Mizrahi
Julia König
2017

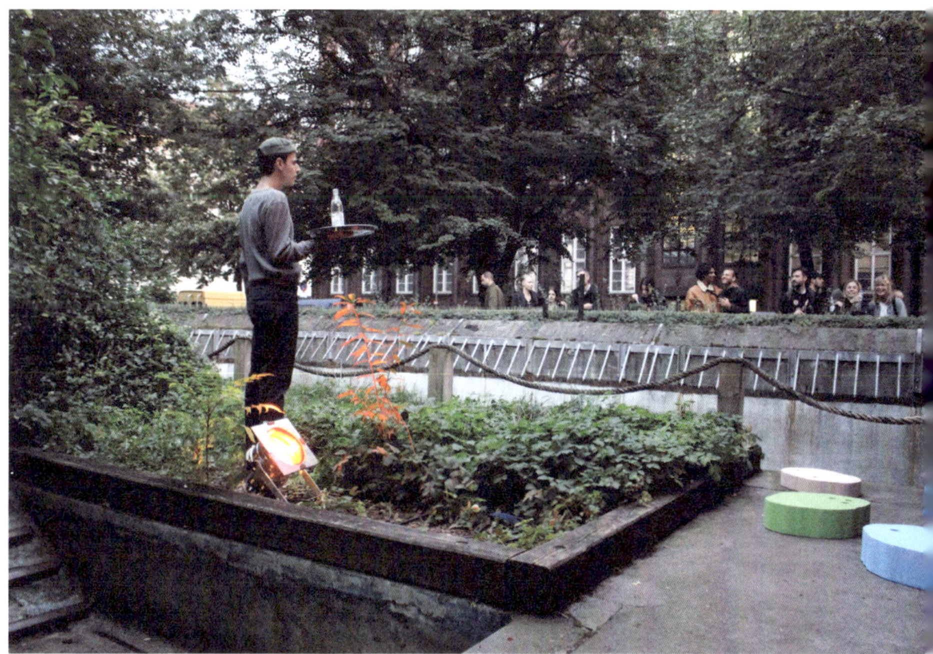

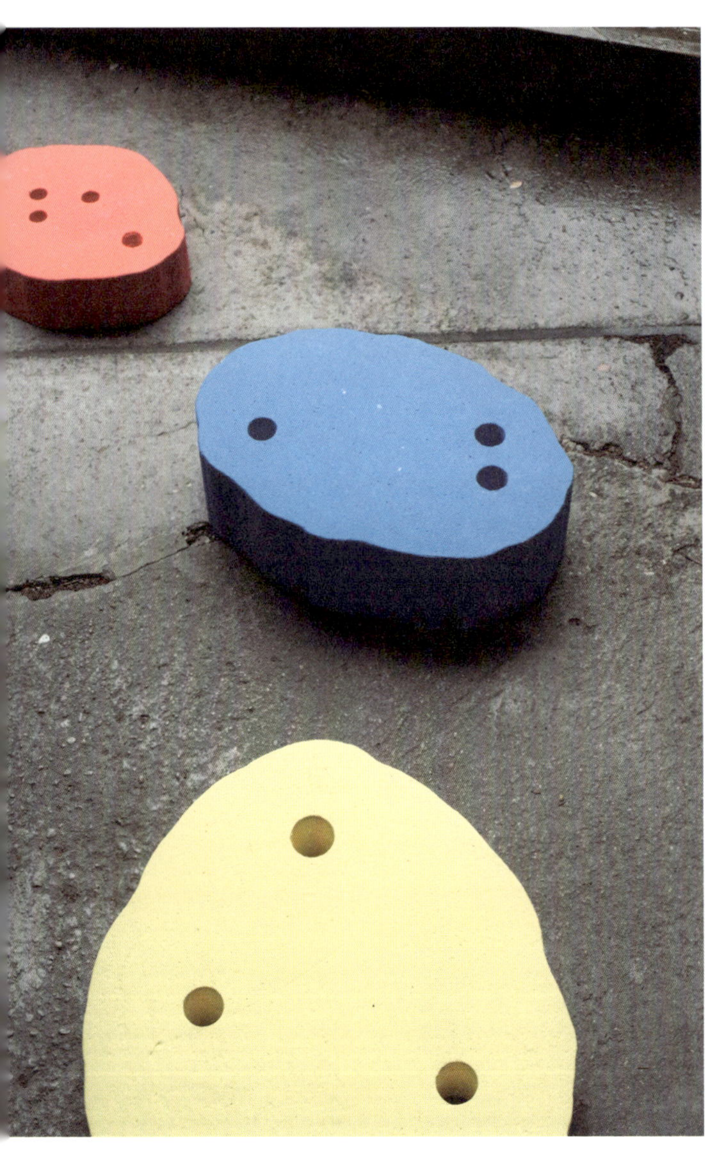

In angereicherter Umgebung, spielend
Julia König
2017

Video zur Single ›CUPPA‹
EASTER
2017

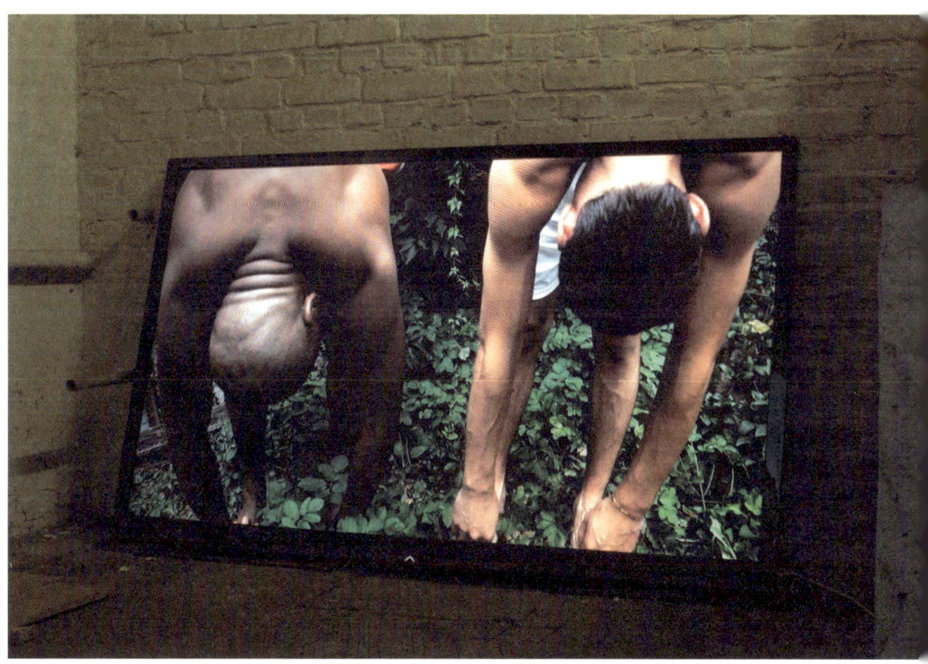

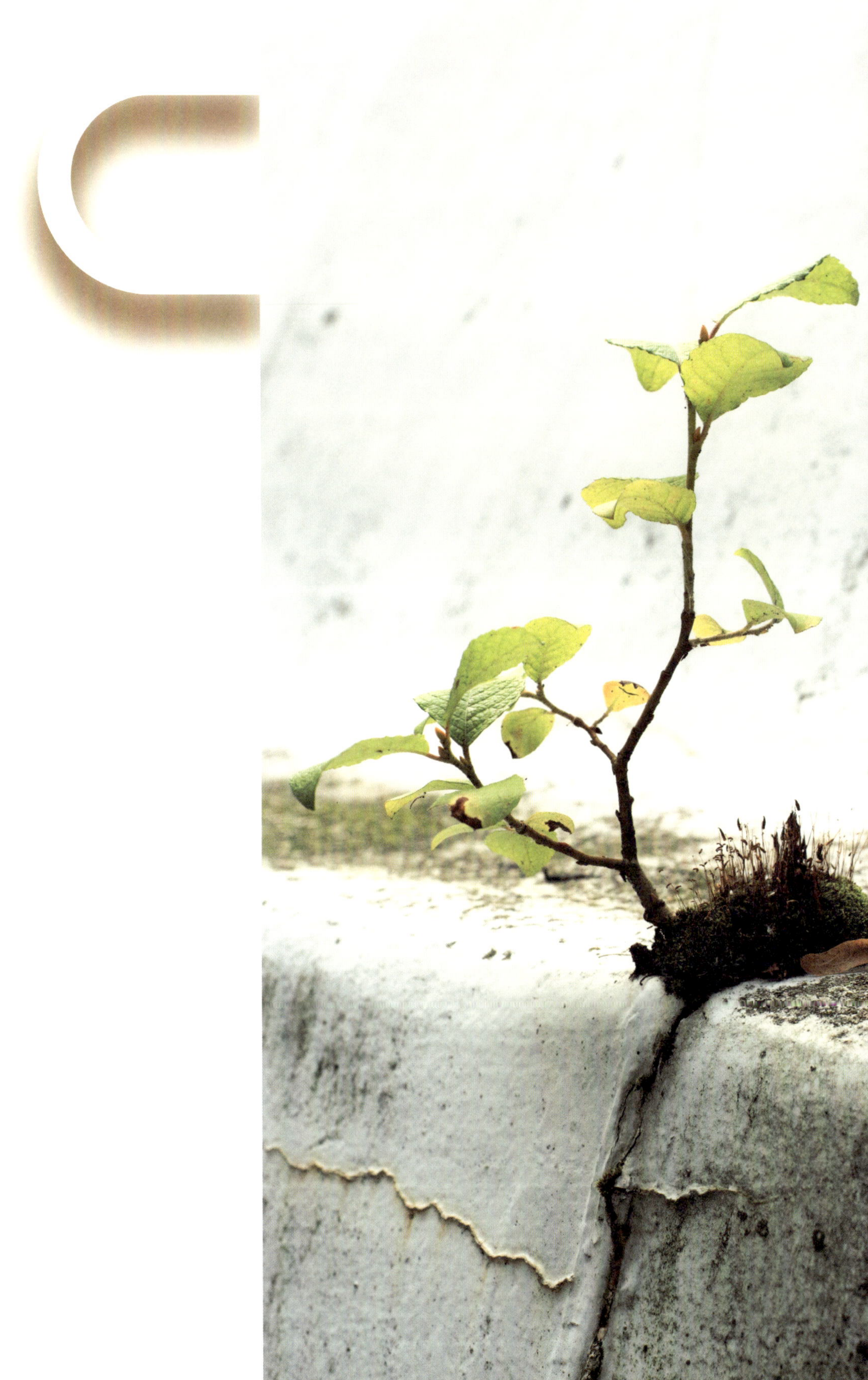

Spuren
des
Animalischen

Traces
of the
Animalic

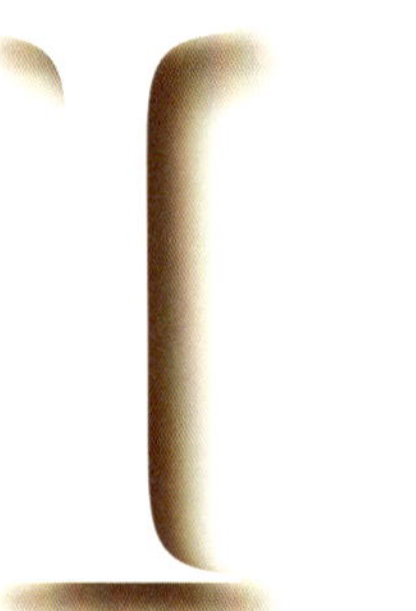

URSUS

Seite an Seite haben sich Sarah Ancelle Schönfeld und Reto Pulfer für die erste Ausstellung auf die Spurensuche an diesem geschichtsträchtigen Ort gemacht. Welche Spuren sind sichtbar, riechbar, hörbar, denkbar, fühlbar, seit die letzte Bärin Schnute vor fast zwei Jahren gestorben ist und eine tierische wie menschliche Abwesenheit im Bärenzwinger zurückgelassen hat?

Der Ausstellungstitel verweist auf die vielleicht vergänglichste der vor Ort erlebbaren Spuren. ›Ursus Olfaciens‹ meint den von den Bären hinterlassenen Geruch, der ihnen selbst nach ihrem Tod Präsenz verleiht, und spielt gleichzeitig auf den ausgeprägten Geruchssinn der Tiere an, der ihnen kontinuierlich von der Anwesenheit des Menschen gekündet haben muss.

Die abgekühlten, verlassenen Räume werden erhitzt. Die für ihr Arbeiten mit alchemistischen Prozessen bekannte Künstlerin Sarah Ancelle Schönfeld verwandelt den Ort Raum für Raum durch einen mit vorgefundenen Steinen beheizten Ofen in eine Art Sauna, sodass sich die Poren des alten Gemäuers, das mit seinen Eisengittern und Stahltüren an eine kleine, beengte Festung erinnert, weit öffnen können. Erstarrtes, Betäubtes im Zwinger kann sich lösen, in Bewegung setzen, transformieren, entgiften. Kräuter und Beeren aus den von üppiger Vegetation zugewucherten

For the debut exhibition and side by side, Sarah Ancelle Schönfeld and Reto Pulfer search for traces within this historical site: which are visible, smellable, audible, imaginable, perceptible, since the last bear, Schnute, died almost two years ago, leaving an animal-human absence in the bear pit?

The exhibition title points to the perhaps most transient of traces that can be experienced on-site. For "Ursus Olfaciens", this means the scent left by the bears and the belonging sense of presence after their death, and at the same time, it plays on the animal's pronounced sense of smell – likely a constant confirmation of human presence.

The cooled, abandoned rooms are heated. Sarah Ancelle Schönfeld, known for her work with alchemical processes, transforms the site into a sauna by means of a heated oven made from found stones which open wide the pores of the old masonry, the iron grating and steel doors of which bring to mind a small, cramped fortress. Within the pit, paralysis and numbness can dissolve, be set in motion, transform, detoxify. Schönfeld brews a site-specific sauna infusion and tea with herbs and berries picked from the vegetation-rife outdoor enclosure, as well as from the surrounding park, which visitors

SARAH ANCELLE
SCHÖNFELD
RETO PULFER

OLFACTIONS

Seitenflügeln der Außengehege und aus dem umliegenden Park verarbeitet Schönfeld zu einem ortsspezifischen Saunaaufguss und Tee, durch den die Besucher*innen die Essenz des Bärenzwingers feinstofflich aufnehmen und erfahren können. Neu hergestellte Verbindungen im Wassersystem des Bärenzwingers, an das Wärter*innenräume, Tränkensystem der Bärenkäfige, Wasserbecken und Gräben der Gehege angeschlossen sind, schaffen einen experimentellen Brunnen.

Reto Pulfer verhängt das Oberlicht im zentralen Raum des Zwingerkomplexes mit einem transparenten Textil in Grün- und Blautönen. Der zusammengenähte Stoff zeigt eine Karte von Bern, Geburtsort des Künstlers und zugleich Herkunftsort von Urs und Vreni, dem ersten Bärenpaar, das als ein Geschenk der Stadt Bern in den Berliner Bärenzwinger kam. Gleichzeitig kann das Tuch als eine astronomische Karte der Galaxien im Sternenbild Ursa Major gelesen werden. Es taucht den Raum in ein intimes grün-blaues Licht, der Blick wird ins Innere der Bärenkäfige und in die Wärter*innenräume gelenkt. Strohhalme auf dem Boden, Staub und Spinnweben an den Wänden und Gitterstäben, Prankenkratzer an Türen und Luken, Bissspuren im Holz, ein im Jahr 2015 stehen gebliebener Wandkalender, ein totes Telefon – mit Taschenlampen können die Räume erforscht werden.

can imperceptibly absorb, experiencing the essence of the bear pit. Newly constructed connections to the water system of the bear pit – through to the guard rooms, the drinking troughs of the bear cages, the water basins, and the trenches of the enclosures – create an experimental well.

Reto Pulfer covers the skylight in the central space of the bear pit with a transparent textile in green and blue hues. The patchwork of fabric shows a map of Bern, birthplace of the artist and origin of Urs and Vreni – a gift from the city of Bern and the first pair of bears to inhabit Berlin's bear pit. At the same time, the cloth can be read as an astronomical map of the galaxies in the constellation of Ursa Major. It engulfs the room with an intimate green-blue light; the view is steered into the interior of the bear cages and into the guard rooms. Straws on the floor, dust and cobwebs on the walls and bars, scratches on doors and hatches, bite marks in the wood, a calendar hanging on the wall left from 2015, a defunct phone – all of this can be observed in the rooms with a flashlight. Visitors will also stumble upon a transparent object, roughly the size of an adult brown bear, around which no one can pass.

Dabei wird man auch auf ein transparentes Objekt stoßen, etwa in der Größe einer ausgewachsenen Braunbärin, um das kein Weg herum führt.

Im einst als Besenkammer dienenden Raum entfaltet sich eine Installation, die Fragmente aus Pulfers Werk vereint: Umhüllt von einer raumgreifenden, immersiven Malerei hängen an durch traditionelle Knoten miteinander verbundenen Seilen selbst gebaute Instrumente, Raku-Keramik, im Zwinger vorgefundene Stromkabel und eine im rechten Freigehege samt Wurzeln ausgegrabene Brennnessel. Dieser rhizomatische Zustand wird in einer kleinformatigen Malerei aufgegriffen. Den im linken Freigehege wachsenden Brennnesseln hat Pulfer mehr Platz zum Wachsen gegeben.

Der Klang eines Gongs läutet Abschied und Neuanfang ein. Beim Konzert von Eisklares Echo [Reto Pulfer / Mia von Matt] zur Eröffnung der Ausstellung sollen durch die Musik und durch den Lärm der Eisengitter die Spuren der Bären weitergeleitet werden.

In a space once used as a broom cupboard, an installation unfolds that combines fragments from Pulfer's work: enveloped by an expansive, immersive painting, traditionally knotted ropes suspend self-built instruments, raku ceramics, power cables found on-site and nettle roots dug up from the right outdoor enclosure. This rhizomatic state is captured onto a small-scale painting. In the left outdoor enclosure, Pulfer allows the nettles more space for growing.

The resonance of a gong sounds farewell and new beginnings. For the exhibition opening's concert by "Eisklares Echo" [Reto Pulfer / Mia von Matt], the music and clamor of the iron grating conveys the traces of the bears.

Eröffnung
mit Live Performance
von Eisklares Echo
[Mia von Matt / Reto Pulfer]

Performance
›Fountain of Liver Tea‹ von PPKK

Zur
Finissage lädt das Künstler*innenduo PPKK [Sarah Ancelle Schönfeld und Louis-Philippe Scoufaras] zu einem Saunatag ein, an dem der Bärenzwinger in eine voll funktionstüchtige Sauna verwandelt wird. PPKKs ›The Fountain of Liver Tea‹ ist eine Apparatur, bestehend aus einer manipulierten Waschmaschine und einem Schlauchsystem, die automatisch Kräuteraufgüsse produziert und auf die heißen Steine speit. Sie erzeugt Kräuterdampf und stellt gleichzeitig Tee her. Der Kräutersud basiert auf einer Mischung aus auf dem Gelände des Bärenzwingers handgepflückten Kräutern und Beeren, die nach den Kenntnissen der traditionellen Kräuterkunde heilende und reinigende Eigenschaften besitzen. Die Anwesenheit von Menschen, die im Kräuterdampf zum Klang des sequenziellen Rotierens der Maschine entspannen, soll die Melancholie, die dem ehemaligen Bärengefängnis innewohnt, vernebeln und auf den Ort und seine Besucher*innen läuternd und beschwichtigend wirken.

For
the finissage, the artist duo PPKK [Sarah Ancelle Schönfeld and Louis-Philippe Scoufaras] extend an invitation to a sauna day, on which the former bear enclosure is transformed into a fully functional steam sauna. "The Fountain of Liver Tea" is a device created from a hacked washing machine that produces a herbal infusion that is simultaneously spit out onto heated rocks resulting in aromatic steam, and poured into visitors' cups to drink. The herbs that spin in the machine were handpicked on the grounds of the Bärenzwinger and contain a combination of various healing properties based on herbalistic studies. The presence of people relaxing in the heated, humidified architecture to the sound of spin cycles obscures the melancholia of what was once a bear prison, purifying and soothing this place and its visitors.

Kuratiert von
Nadia Pilchowski
und Julia Heunemann

Sarah Ancelle Schönfeld
studierte Bildende Kunst in Berlin. Sie reflektiert Formen der Entstehung von Wissen, Macht und Wahrheit und wendet Methoden aus Naturwissenschaft, Religion, Archäologie oder Alchemie an, welche sie in unterschiedlichen Medien umsetzt.

PPKK
arbeiten orts- und kontextsspezifisch, mit mythologisch-technologisch schalkhaften Interventionen, um andere Perspektiven und Interpretationen auf die jeweiligen Orte zu ermöglichen.

Reto Pulfers
raumgreifende, immersive Installationen aus Stoffen und gefundenem Material werden in Performances, Romanen, Musik und Malerei weitergeführt. Seine Monografie ›Zustandskatalog: Catalog of States and Conditions‹ wurde 2017 von Sternberg Press publiziert.

Eisklares Echo
sind Reto Pulfer und Mia von Matt, die seit 2012 in improvisierten, mehrstündigen Musikperformances auftreten.

Sarah Ancelle Schönfeld
studied fine arts in Berlin. She reflects on forms of knowledge production, power, and truth and incorporates methods taken from natural science, religion, archaeology, and alchemy which find implementation in various media.

PPKK
analyses and reflects upon specific [local] contexts, generating mythological and technological outputs in order to shift perspectives and enable new interpretations.

Reto Pulfer's
space-filling, immersive installations from fabrics and found materials continue in performances, novels, music, and painting. His monograph "Zustandskatalog: Catalog of States and Conditions" has been published by Sternberg Press in 2017.

Eisklares Echo
is since 2012 the name of Mia von Matt and Reto Pulfer who improvise music performances that last several hours.

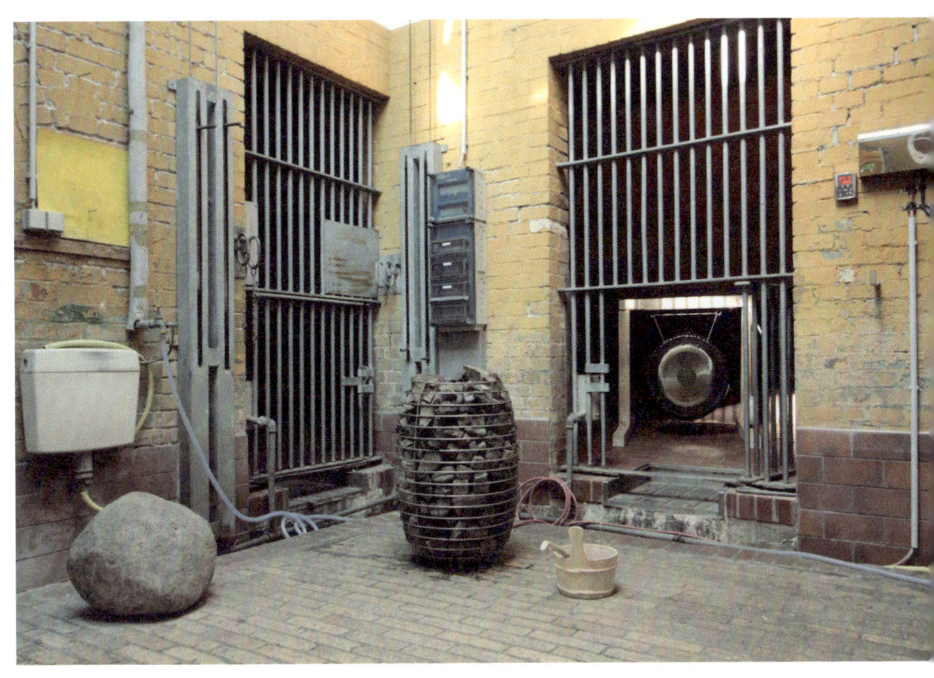

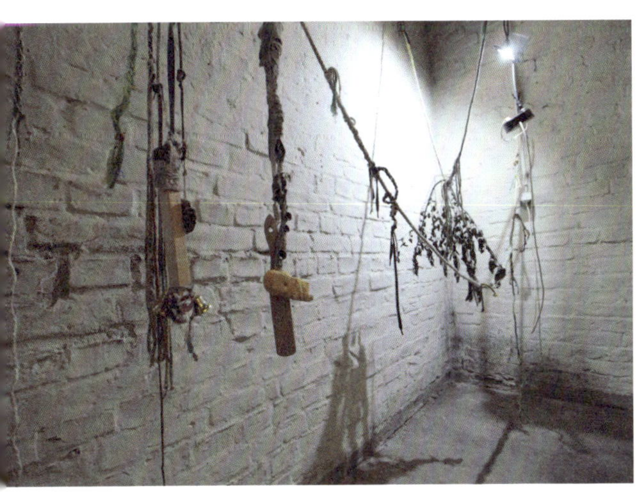

Detox Stoner
Sarah Ancelle Schönfeld
2017

Abygong
Reto Pulfer
2017

Reticulum Knäulefrucht
Reto Pulfer
2015 / 2017

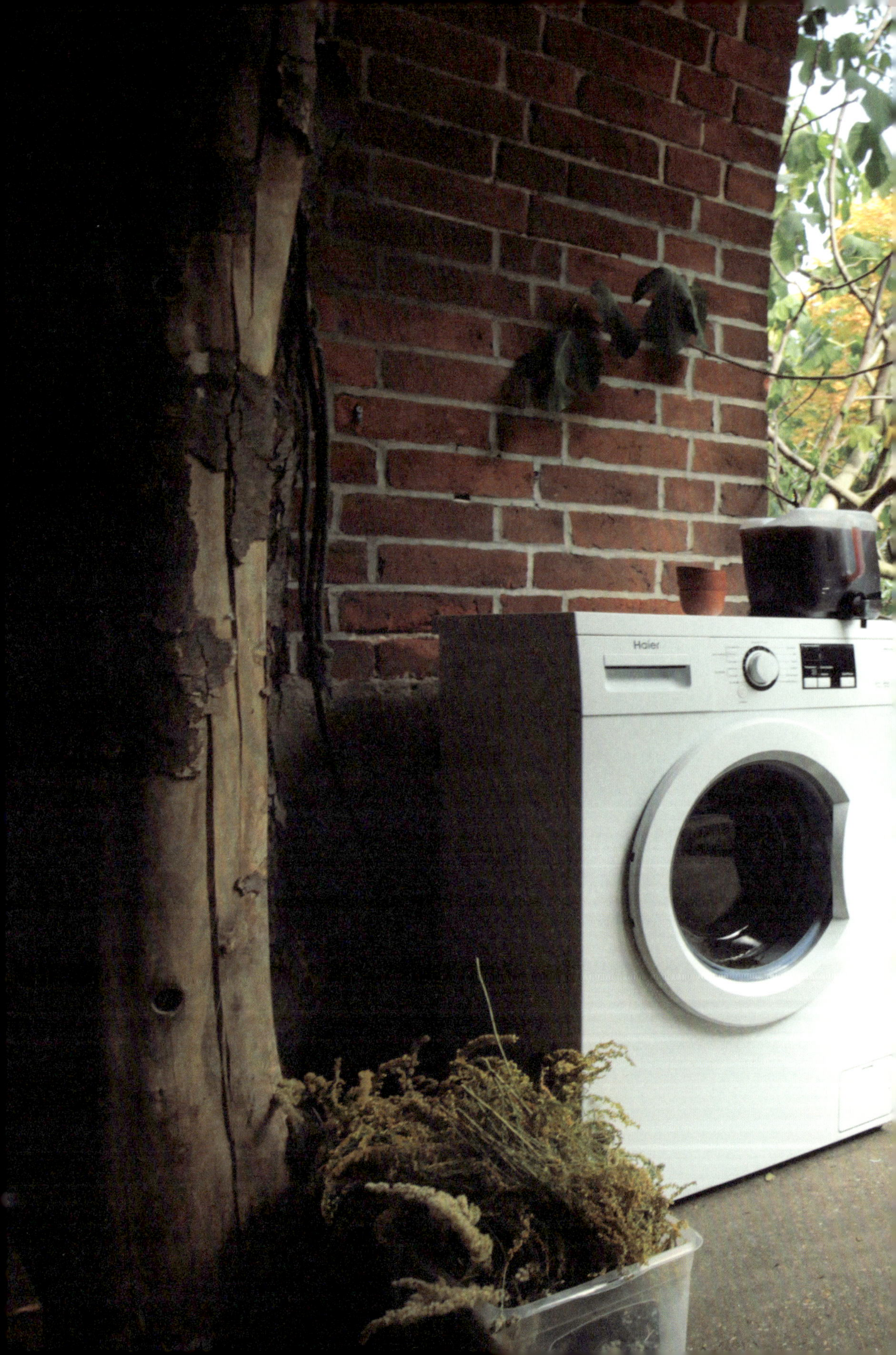
Haier

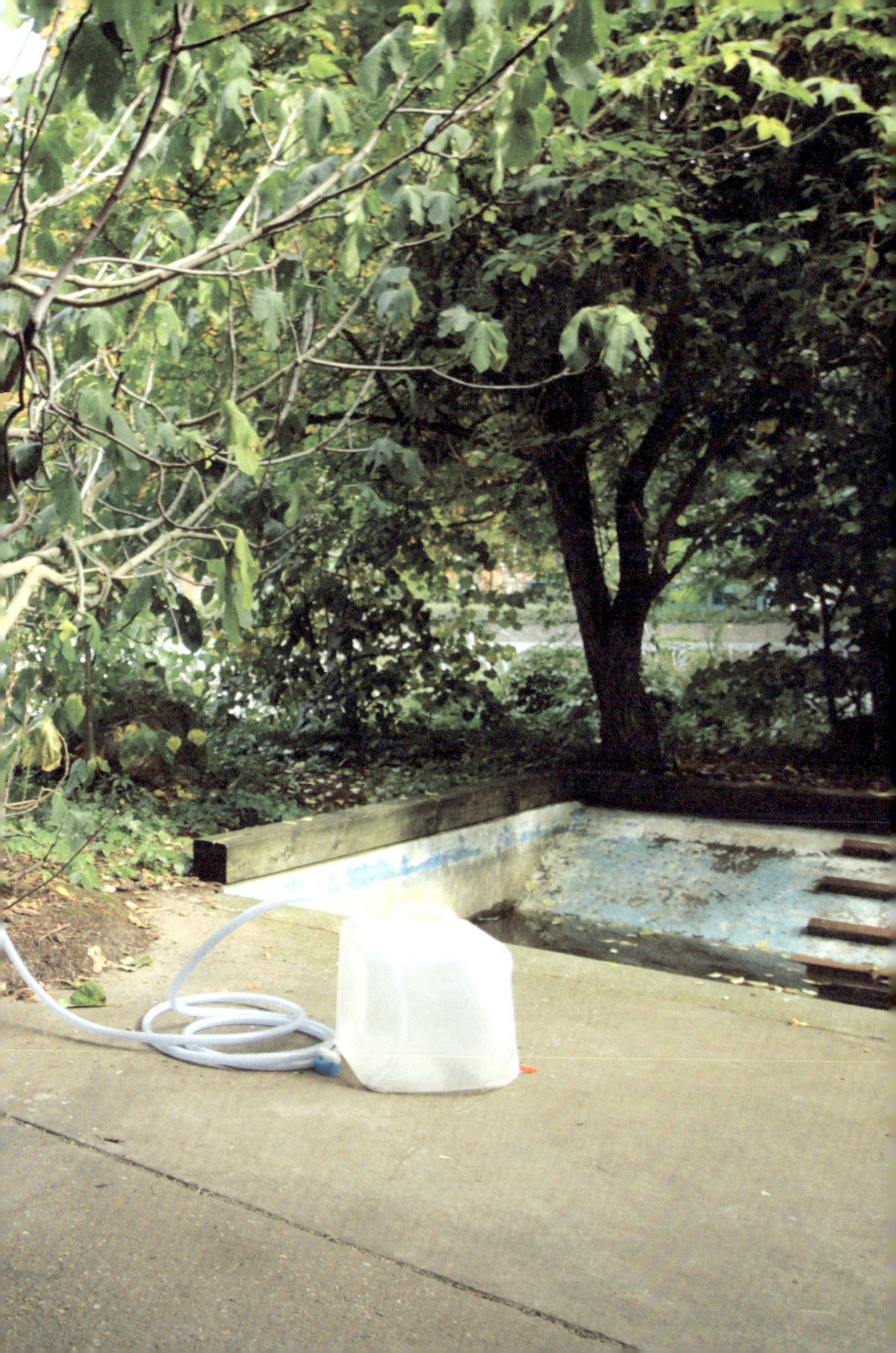

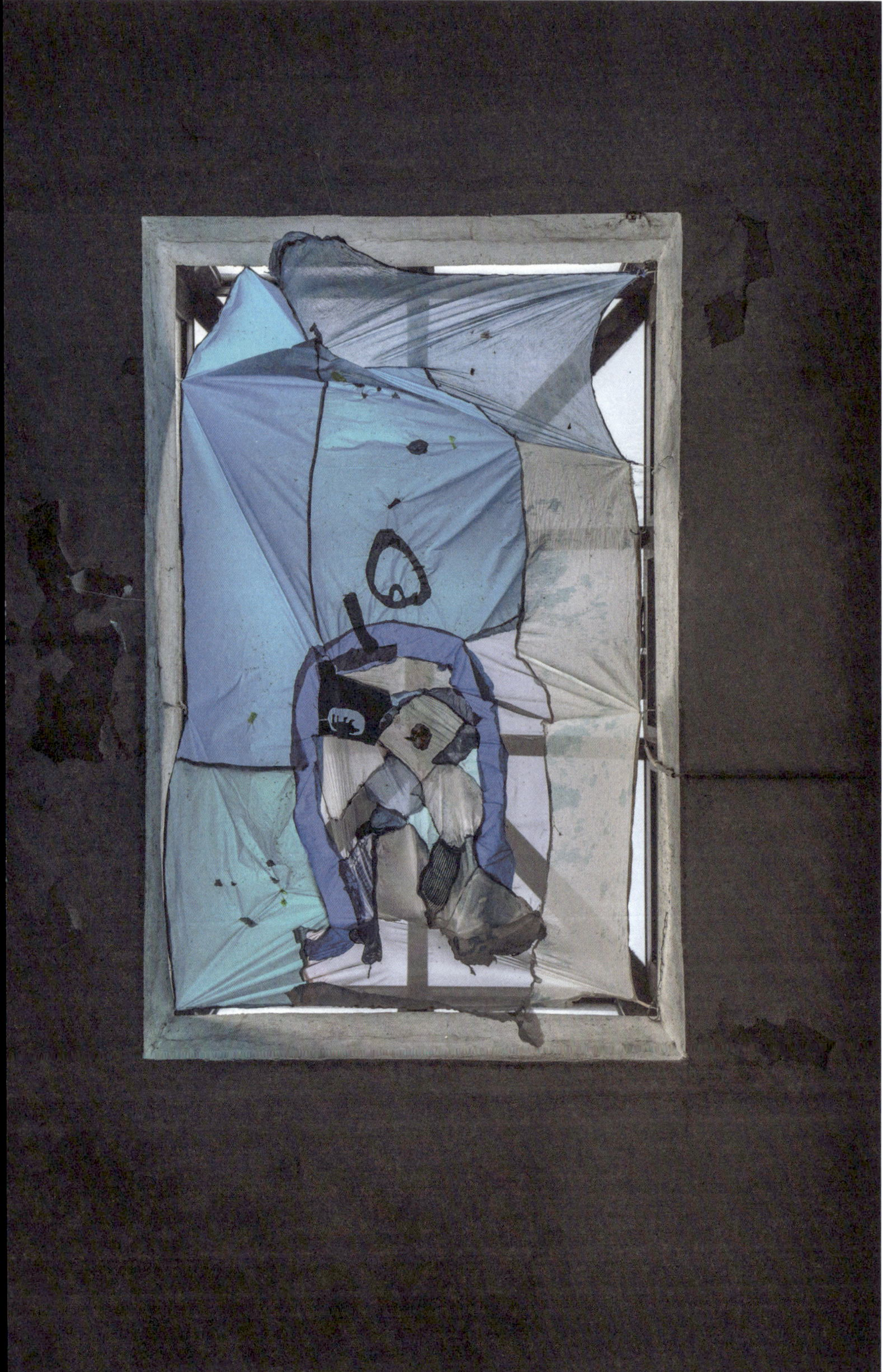

←
Drum Cleaning Program
Sarah Ancelle Schönfeld
2017

Mutzdili
Reto Pulfer
2017

Performance von
Eisklares Echo
[Reto Pulfer / Mia von Matt]
2017

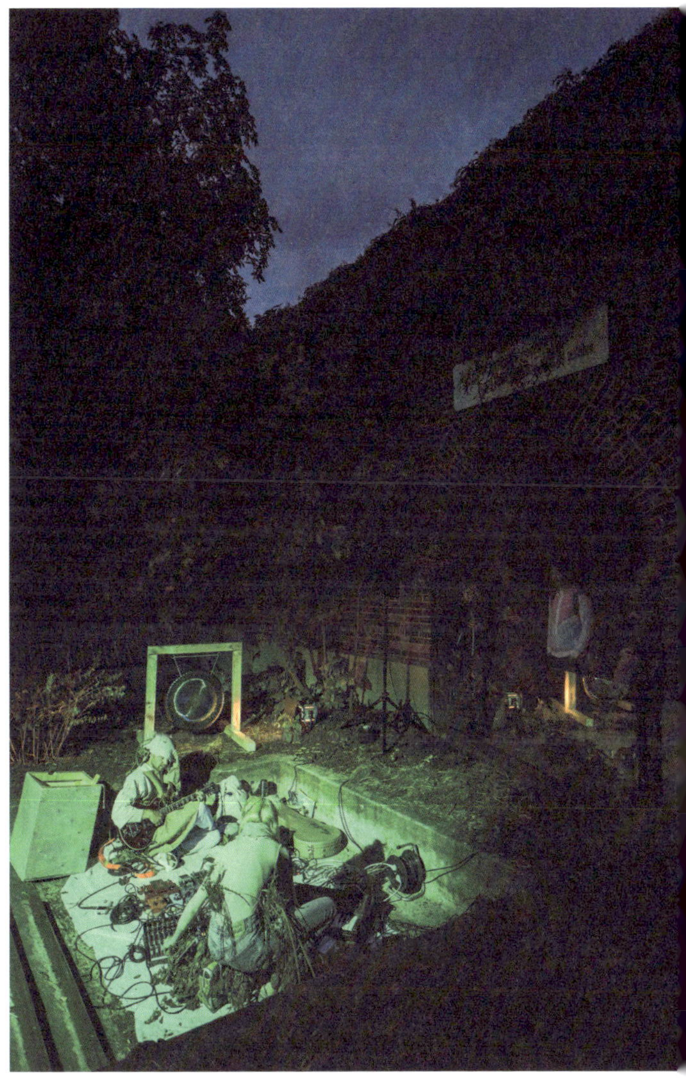

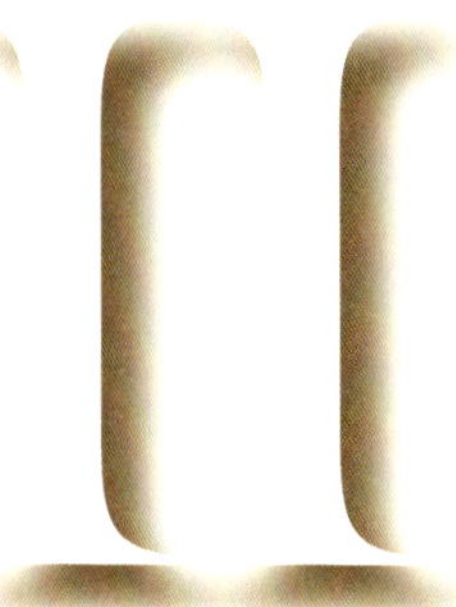

FUR

Nachdem
das erste Ausstellungsprojekt im Bären-zwinger ›Ursus Olfaciens‹ die hinter-lassenen Spuren der Berliner Bären auf-suchte, folgt eine kritische Befragung des menschlichen Blicks auf Tiere. Aus-gangspunkt für die Ausstellung ›Fur Agency‹ ist das Tierfell als handlungsfä-higer Akteur, indem es Reaktionen bei seinen Betrachter*innen auszulösen vermag. Fell ruft Anmutungen von Wärme und Gemütlichkeit hervor, weckt das Bedürfnis, Tiere anzusehen und sie zu berühren. Diesem romantisieren-den Blick waren auch die ›amtierenden‹ Berliner Stadtbären ausgesetzt.

Das Künstlerinnenkollektiv NEOZOON entwickelt mit der Arbeit ›Bearly Legal‹ eine dreiteilige, multimediale Instal-lation für den Ort. Im Eingangsbereich der ehemaligen und bis heute unver-änderten Tierpfleger*innen-Räume sind auf einem Monitor Aufnahmen aus welt-weiten Bärengehegen geschaltet. In den verdunkelten Innengehegen des Zwingers erahnen wir etwas ›Tierisches‹ hinter den Gittern. Erst wenn sich die Augen an die Dunkelheit gewöhnt haben, sind die Manteltiere erkennbar, eine noch unbekannte Spezies aus reanimierten Pelzmänteln. NEOZOON stellt für das Projekt die einst präzise Ordnung der Außenareale wieder her und fügt ihnen eine Soundcollage aus Originaltönen von Menschen vor internationalen Zoogehegen hinzu, die in vermenschlichender Sprache

After
the first exhibition project "Ursus Olfaciens" visited the traces left behind by the Berlin bears at the Bärenzwinger, a critical inquiry into how humans view animals follows. The starting point for the exhibition "Fur Agency" focuses on animal fur as an effective actor, on how it provokes reactions in its viewers. Fur evokes a feeling of warmth and comfort, the desire to look at it or touch it. The "incumbent" Berlin city bears were also subjected to this romanticised view.

On these grounds, the female artist collective NEOZOON has developed the three-part, multimedia installation "Bearly Legal" for the site. In the en-trance area of the former and still today unchanged animal keeping facilities, footage of worldwide bear enclosures is displayed on a monitor. In the dark-ened inner enclosure of the pit, we sense there is something "animalistic" behind the bars. Only once our eyes have adjusted to the darkness the tuni-cates become recognisable – a still unknown species of reanimated fur coats. For the project, NEONZOON re-stores the once precise order of the outside areas and adds a sound collage featuring original sounds of humans outside international zoo enclosures, with the speech thus "humanising" the animals.

NEOZOON

die Tiere kommentieren. Die Ausstellung ›Fur Agency‹ thematisiert nicht nur diese Art der Tierhaltung, sondern versucht, eingeschliffene Sehgewohnheiten künstlerisch zu hinterfragen. ›Im Prinzip ist jeder Käfig ein Rahmen um das Tier im Inneren‹, schreibt John Berger 1980 in seinem Text ›Warum sehen wir Tiere an?‹. ›Das Tier‹ wird im Zoo als Teil eines Bildes in die Schauanordnung integriert. Wir fühlen uns ihm nah und gleichzeitig fasziniert es uns in seiner Fremdheit. Besonders im Zoo wird die von Menschen beschlossene Trennung von Kultur und Natur deutlich, indem Tiere wie Museumsobjekte ausgestellt und betrachtet werden.

“Fur Agency” not only thematises this way of keeping animals, but attempts to challenge established habits through an artistic lens. “In principle, each cage is a framework around the animal inside”, writes John Berger in 1980 in “Why Look at Animals?”. In the zoo, “the animal” is integrated in the display as part of a picture. We feel close to it and at the same time we are fascinated by its alieness. Especially in the zoo, the separation of culture and nature – which was decided by humans – becomes clear: by exhibiting and looking at animals like museum objects.

Ausstellungsrundgang
mit Gastkuratorin Anne Hölck

Workshop
›Wie Bären wohnen‹
mit Anne Hölck, Marcela Moraga
und Sebastian Häger

Finissage
mit Sound-Performance
von Native Instrument

Der
Workshop behandelt die ›Wohnsituation‹ von Bären im Zoo. Nach einer Einführung zum Thema ›Wohnen‹ von Zootieren nach dem Zoologen Heini Hediger werden die Wohnverhältnisse im Bärenzwinger untersucht: In verteilten Rollen werden verschiedene Blickwinkel eingenommen, um sich im Rahmen dieses Experiments gemeinsam ethischen Fragestellungen zu öffnen und neue Perspektiven auf Mensch-Tierverhältnisse zu erschließen.

Die Musik von Native Instrument, die oft als Insekten-Techno bezeichnet wird, basiert auf elektronischen und stimmlichen Adaptionen von Audioaufnahmen von Tieren, insbesondere Insekten. Ihre Aufnahmen stammen hauptsächlich aus der australischen und nordeuropäischen Fauna. Indem sie die natürlichen Rhythmen von Tierrufen mit digitalen Effekten und stimmlichen Imitationen vermischen, generieren Native Instrument klangliche Ambiguität zwischen ländlicher Natur, Elektronik und der menschlichen Stimme.

The
workshop deals with the "living situation" of bears at zoos. After an introduction to the "living" of zoo animals according to the zoologist Heini Hediger, the living conditions at Bärenzwinger are investigated. In distributed roles, participants take different perspectives in order to open up to ethical issues through this experiment and to explore new perspectives on human-animal relations.

Often referred to as insect techno, Native Instrument's music is constructed using electronic and vocal adaptations of wildlife audio recordings originating mainly from the Australian and North European fauna. Mixing the natural rhythms of animal calls with digital effects and vocal imitations, Native Instrument enlightens a sonic ambiguity between rural nature, electronics, and the human voice.

Kuratiert von
Anne Hölck und
Sebastian Häger

NEOZOON
ist ein 2009 in Berlin und Paris gegründetes Künstlerinnenkollektiv, das sich mit Mensch-Tier-Verhältnissen beschäftigt und den Umgang moderner Gesellschaften mit lebendigen und toten Tieren untersucht. NEOZOONs Aktionen finden im öffentlichen Raum statt, in öffentlichen Institutionen sowie im Netz.

Native Instrument
ist eine musikalische Kollaboration, die das Field-Recording-Archiv von Felicity Mangan und das abstrakte Vokabular von Stine Janvin Motland zusammenführt. Stine Janvin erforscht und fordert die physischen Eigenschaften der Stimme, die Akustik ihrer Umgebung und neue Performance-Strategien heraus.

NEOZOON
is a female artist collective that was founded in Berlin and Paris in 2009. The group focuses on human-animal relationships and examines the treatment of living and dead animals in modern societies. NEOZON's art takes place in public space, in public institutions, and online.

Native Instrument
is a sound collaboration bringing together the field-recordings archive of Felicity Mangan and the abstract vocabulary of Stine Janvin Motland. Janvin explores and challenges the physical features of the voice, the acoustics of her surroundings, and new performance strategies.

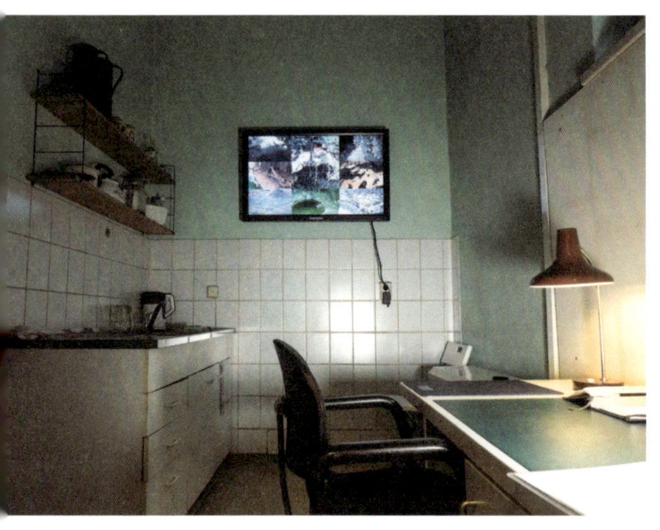

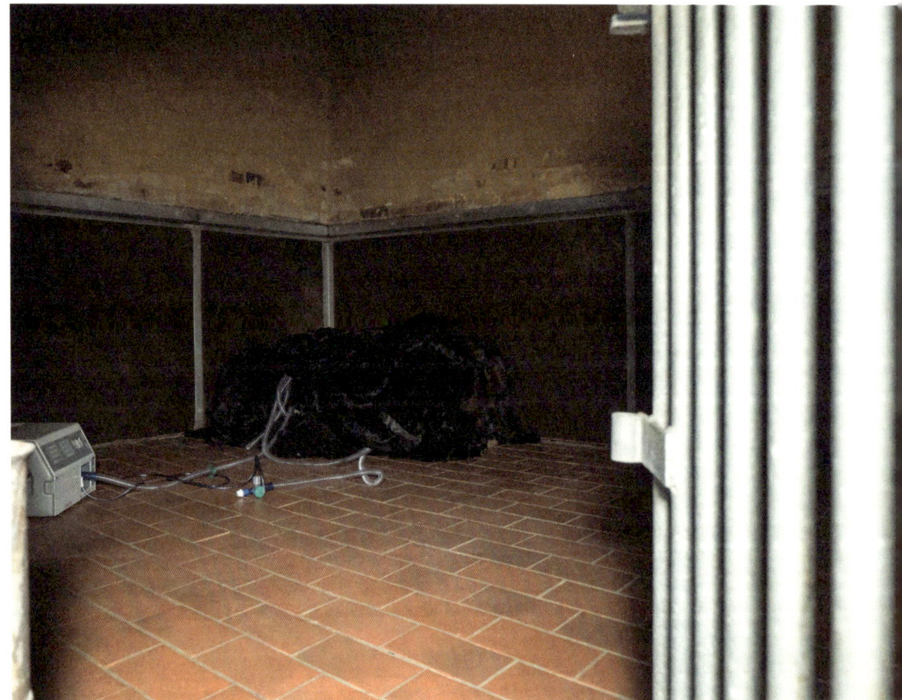

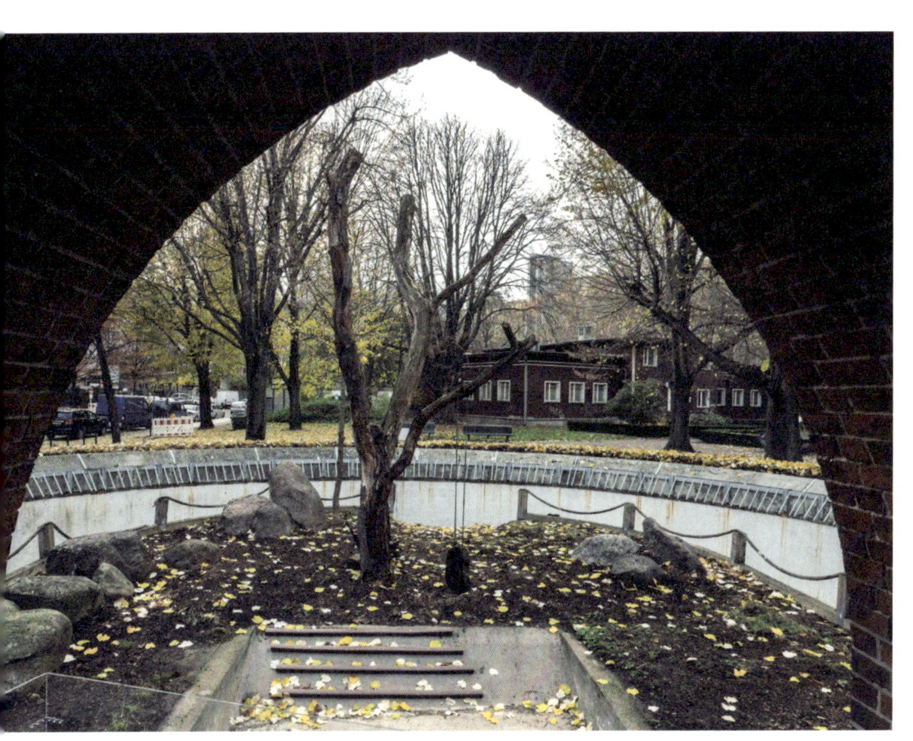

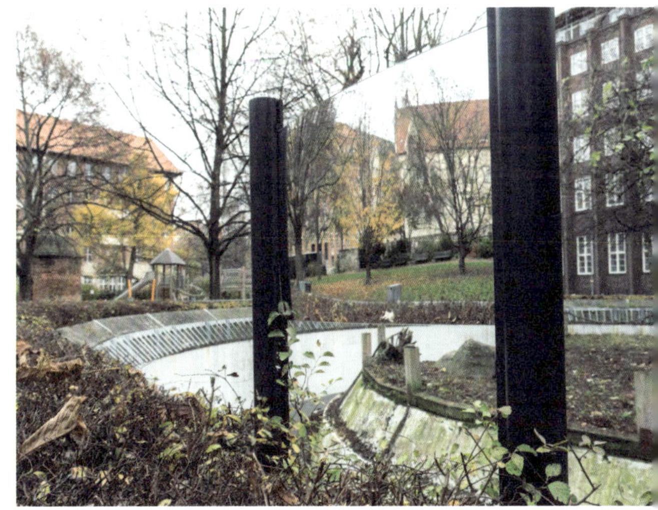

Bearly Legal
NEOZOON
2017

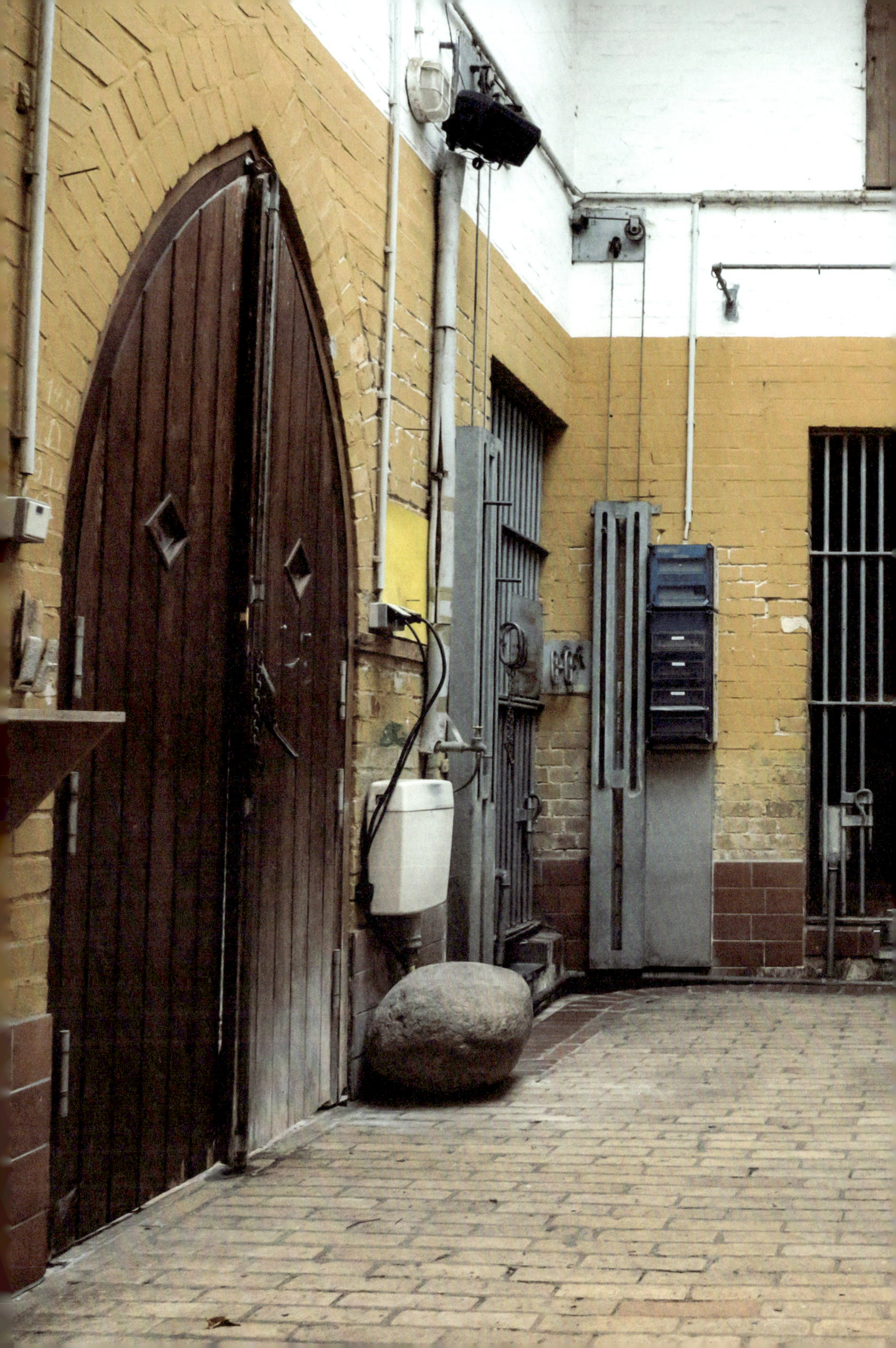

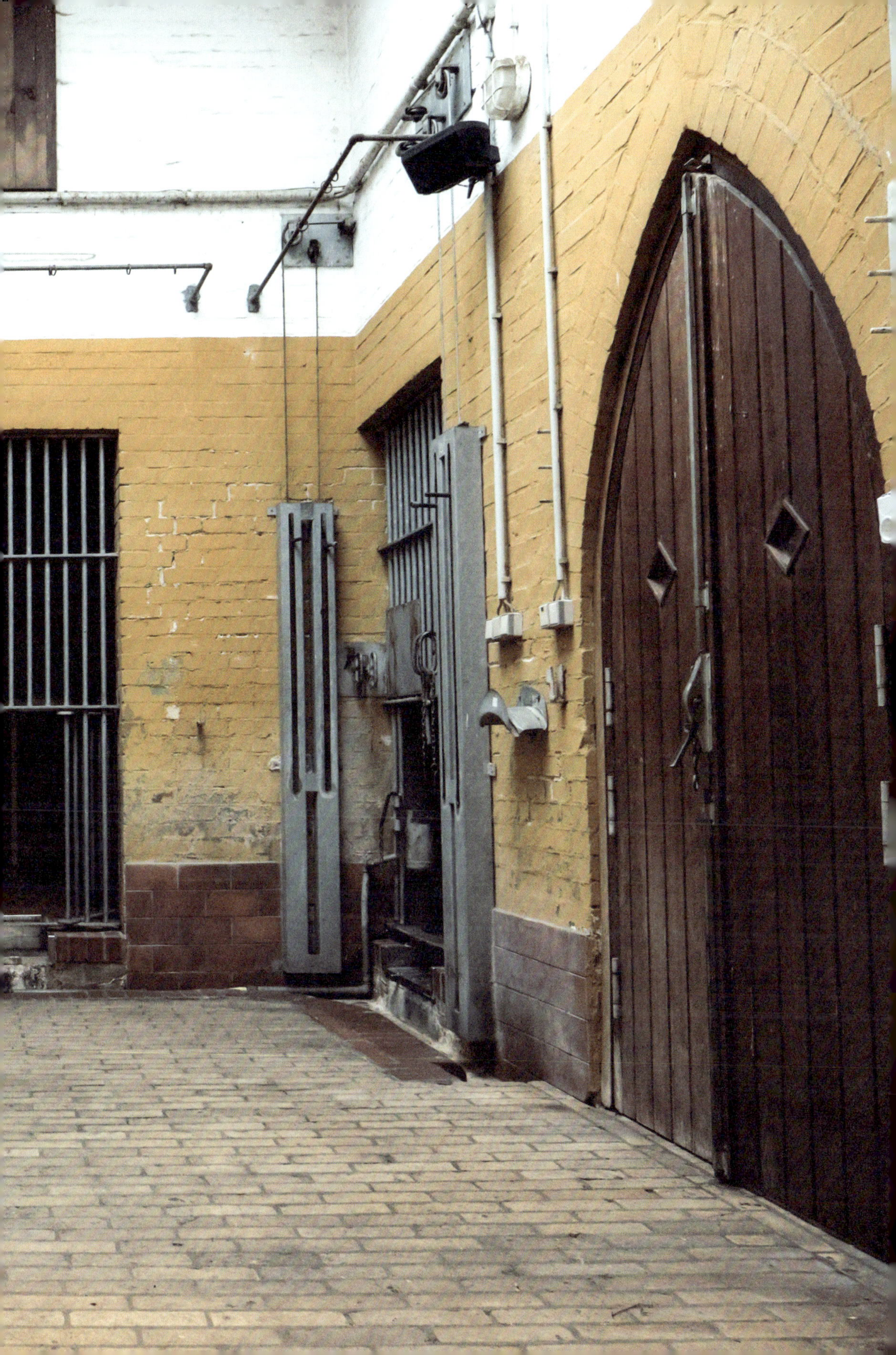

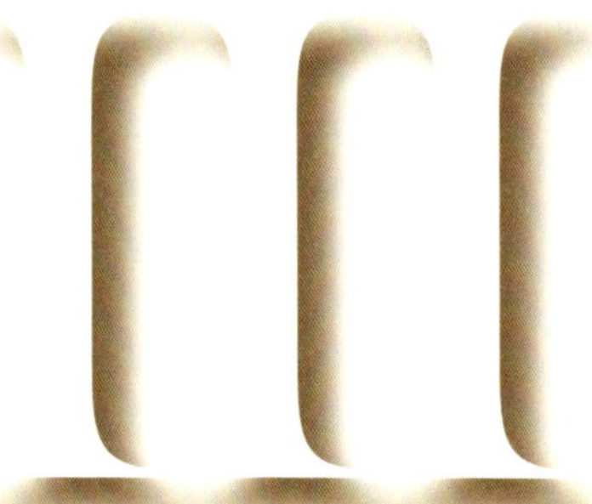

Während ihrer Winterruhe ließen sich die Berliner Stadtbären nur selten in ihren Außengehegen blicken. Sie schliefen viel, wurden nur noch im Zwingergebäude, abseits der Öffentlichkeit, gefüttert und waren ihrer repräsentativen Funktion entbunden. Ruhephasen, in denen physiologische Prozesse heruntergefahren werden, geistige Anspannung nachlässt und das Bewusstsein zwischen diffuser Wahrnehmung und intentionsfreiem Handeln changiert, stehen neoliberalem Leistungsdenken entgegen. Mit den plastischen und installativen Arbeiten von Linda Kuhn und Alvaro Urbano präsentiert ›Hibernation‹ künstlerische Positionen, die sich mit derartigen Bedingungen und Effekten von temporärem Rückzug auseinandersetzen.

Das Austreten aus zielgerichteten Leistungszusammenhängen hat Linda Kuhn bereits in früheren Arbeiten reflektiert. In den Außengehegen des Bärenzwingers, die auf räumliche Distanz bei umfassender Einsehbarkeit hin ausgerichtet sind, verstellt die Berliner Künstlerin nun die Blicke der Betrachter*innen. Mit Hilfe von Schutzverkleidungen entwirft sie Rückzugsräume für die Elemente, die sie in den Außengehegen sowie im Köllnischen Park vorgefunden hat. Diese Verkleidungen schreiben den verhüllten Elementen zugleich neue plastische Qualitäten zu. Zum einen mögen sie formal und bezogen auf das Material, das neben Heu und

HIBER

During hibernation, the Berlin city bears were rarely seen in their outdoor enclosures. They mostly slept, were fed only inside the bear pit out of public view, and freed from their representative role. Periods of rest in which physiological processes shut down, mental tension subsides, and where consciousness shifts between vague perception and purposeless actions are disharmonious with neoliberal performance mentality. With the sculptural and installation works of Linda Kuhn and Alvaro Urbano, "Hibernation" presents artistic positions which examine those conditions and effects of temporary withdrawal.

In her previous works, Linda Kuhn has addressed the withdrawal from goal-orientated action. In the outdoor enclosures of the bear pit, which align physical distance with comprehensive visibility, the Berlin-based artist obstructs the visitors' views. With the help of protective cladding, she creates retreats for the elements found within the outer enclosures as well as from around the Köllnischer Park. These coverings simultaneously ascribe new sculptural qualities to the veiled elements. On the one hand, they are reminiscent of bedspreads, in terms of form and material, which also contain feathers in addition to hay and dried fruit. On the other hand, they reflect

LINDA KUHN
ALVARO URBANO

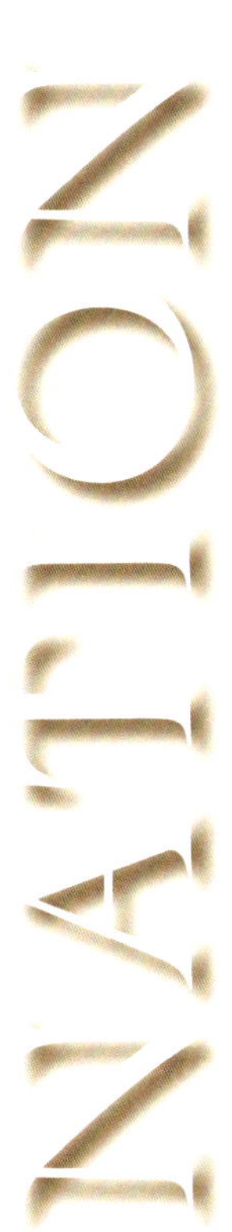

Trockenfrüchten auch Federn enthält, an Bettdecken erinnern. Zum anderen sind sie im Köllnischen Park an klassische Winterverkleidungen für Skulpturen angelehnt. Kuhns Lichtarbeit an der Fassade des Bärenzwingers reagiert schließlich auf Bewegungen und verweist somit auf gegenseitige Bedingtheiten von Produktivität und Ruhe.

Durch architektonische Eingriffe, die gewohnte Wahrnehmungsmuster unterlaufen, dekonstruieren die Arbeiten von Alvaro Urbano die Verhältnisse von Innen und Außen, Fakt und Fiktion, Traum und Wirklichkeit. Die Winterruhe in den Blick nehmend, enthebt der in Madrid geborene Künstler die Käfige des Bärenzwingers von den ihnen einst zugewiesenen Bestimmungen und fokussiert stattdessen die imaginären Potenziale der ummauerten und vergitterten Architekturen. Die hinter den Käfiggittern herrschende Enge und Begrenztheit lässt Urbano dem dichten Geäst und dem Laub eines in den Innenraum eindringenden Waldes weichen. Unter dem auf ein Gedicht von Federico García Lorca verweisenden Titel ›Verde que te quiero verde‹ reflektiert seine Inszenierung des Innenraumes der Käfige die Frage danach, wovon Bären wohl träumen mögen. So entwirft er schließlich den Winterschlaf selbst als einen Raum des Imaginären.

classic winter coverings for sculptures in the Köllnischer Park. Finally, Kuhn's lighting work installed on the Bärenzwinger's facade responds to movements and thus refers to the mutual conditionality of productivity and rest.

Through architectural interventions that circumvent habitual patterns of perception, the works of Alvaro Urbano deconstruct the relationships between inside and outside, fact and fiction, dream and reality. Taking a closer look at winter hibernation, the Madrid-born artist temporarily suspends the bear cages from their intended use and instead focuses on the imaginary potential of the immured and barred architectures. Urbano dissolves the tightness and confinement of behind the cage bars with dense branches and foliage which infiltrate the interior like a forest. Reflecting on a poem by Federico García Lorca and entitled "Verde que te quiero verde", his staging of the interior of the cages reflects the question of what bears dream about. Ultimately, he conceptualises hibernation itself as a space of the imaginary.

Performance
›Maloota‹
von Michel Voolta

Im
Köllnischen Park präsentiert Michel Voolta eine Choreographie aus Sound, Text und materiellen Bezügen auf die in der Ausstellung reflektierten Objekte und Räume.

DER NAME BERLIN LEITET SICH VON SLAWISCH BR'LO AB, ES BEDEUTET SUMPF. BEIM BERLINER BÄREN HANDELT ES SICH UM EIN SOGENANNTES ›SPRECHENDES WAPPEN‹, DAS VERSUCHT, DEN KLANG IN EINEM SYMBOL IN DEUTSCHER SPRACHE WIEDERZUGEBEN. SYMBOLE AUF SCHILDEN [ZUM SCHUTZ VOR ANGRIFFEN] WAREN ZUNÄCHST PERSONENBEZOGEN. MIT DER ZEIT WURDEN SIE ERBLICH UND VON EINER GENERATION ZUR NÄCHSTEN ÜBERTRAGEN. NACH DEM ENTSTEHEN STÄRKERER RÜSTUNGEN MIT GESICHTSBEDECKUNG DIENTEN SIE DER ERKENNUNG DER RITTER IM KRIEGSGETÜMMEL. DIESE MILITÄRISCHE FUNKTION VERSCHWAND DANN WIEDER MIT DEM AUFKOMMEN VON FEUERWAFFEN [D. H. DEM KÄMPFEN ÜBER GRÖSSERE DISTANZ], DAS WAPPEN WURDE ZUM REINEN OBJEKT DER SYMBOLIK.
SO TRITT DER PRIVATMENSCH NICHT IN ERSCHEINUNG UND ES IST, ALS GÄBE ES IHN GAR NICHT. UND WAS TRUGEN DIE BEDIENSTETEN?

THE LACING OF THE DOUBLET IS CLEAR. BUTTONS WERE BANNED FOR WORKERS IN THE MIDDLE AGES, SO LACING WAS THE TRADITION AMONG THE LOWER CLASSES LONG AFTER THE LAW HAD PASSED INTO HISTORY. TO LET THE LINING OF THE KNEEBREECHES SHOW HAD BEEN THE FASHION IN 1666,

At
Köllnischer Park, Michel Voolta presents a choreography with sound and textual elements, referring also materially to the objects and spaces reflected by the exhibition.

THE NAME BERLIN DERIVES FROM THE SLAVIC BR'LO, WHICH MEANS SWAMP. THE BERLIN BEAR IS A SO-CALLED TALKING COAT OF ARMS, WHICH TRIES TO REPRODUCE THE SOUND IN A SYMBOL IN GERMAN. SYMBOLS ON SHIELDS [TO PROTECT AGAINST ATTACKS] WERE INITIALLY PERSONAL, BUT OVER TIME BECAME HEREDITARY, TRANSFERRED FROM ONE GENERATION TO THE NEXT. AFTER THE EMERGENCE OF STRONGER ARMOUR WITH FACE COVERING, THEY SERVED TO IDENTIFY THE KNIGHTS DURING THE TURMOIL OF WAR. THIS MILITARY FUNCTION DISAPPEARED WITH THE ADVENT OF FIREARMS AND FIGHTING OVER LONG DISTANCES, SO THAT THE COAT OF ARMS BECAME A PURELY SYMBOLIC OBJECT. THUS THE INDIVIDUAL DOES NOT APPEAR OR EVEN EXIST AT ALL. WHAT DID THE SERVANTS WEAR?

THE LACING OF THE DOUBLET IS CLEAR. BUTTONS WERE BANNED FOR WORKERS IN THE MIDDLE AGES, SO LACING WAS THE TRADITION AMONG THE LOWER CLASSES LONG AFTER THE LAW HAD PASSED INTO HISTORY. TO LET THE LINING OF THE KNEE BREECHES SHOW HAD BEEN THE FASHION IN 1666, BUT HERE IT WAS STILL BEING WORN IN THE 1690S.

Kuratiert von
Julia Heunemann und
Nadia Pilchowski

A FEW BUTTONS ON THE SLEEVE, HOWEVER, SHOW A SLIGHT TREND TOWARDS APING THE ARISTOCRACY.
[DE MARLY, DIANA, “WORKING DRESS – A HISTORY OF OCCUPATIONAL CLOTHING”, LONDON, 1986]

BUT HERE IT IS STILL BEING WORN IN THE 1690S. A FEW BUTTONS ON THE SLEEVE, HOWEVER, SHOW A SLIGHT TREND TOWARDS APING THE ARISTOCRACY.
[DE MARLY, DIANA, ›WORKING DRESS – A HISTORY OF OCCUPATIONAL CLOTHING‹, LONDON, 1986]

Linda Kuhn
completed her studies of fine arts at Berlin University of the Arts in the class of Pia Fries. In 2015, she received the Goldrausch Scholarship [Berlin], and in 2017 she was invited to the Leisure Studies Association Conference in Leeds, UK. She presented her works in Berlin, London, and Vienna.

Linda Kuhn
studierte Bildende Kunst an der UdK Berlin und war Meisterschülerin bei Pia Fries. 2015 erhielt sie das Goldrausch-Stipendium und wurde 2017 im Rahmen der Leisure Studies Association Conference nach Leeds eingeladen. Ihre Arbeiten wurden in Berlin, London und Wien gezeigt.

Alvaro Urbano
studied architecture in Madrid and completed his studies at the Institut für Raumexperimente, Olafur Eliasson Class, Berlin University of the Arts. He received the Villa Romana Fellowship, attended the Artists and Architects-in-Residence at MAK, Los Angeles, and is represented by the gallery ChertLüdde Berlin.

Alvaro Urbano
studierte Architektur in Madrid und schloss sein Meisterschülerstudium am Institut für Raumexperimente, Klasse Olafur Eliasson, an der UdK Berlin ab. Er erhielt das Villa Romana Fellowship, absolvierte die Künstler- und Architekten-Residency im MAK Los Angeles und wird vertreten von der Galerie ChertLüdde Berlin.

Michel Voolta
has been developing video and performance pieces since 2010, most recently in the format of a choir.

Michel Voolta
entwickelt seit 2010 Video- und Performancearbeiten, zuletzt auch im Format des Chors.

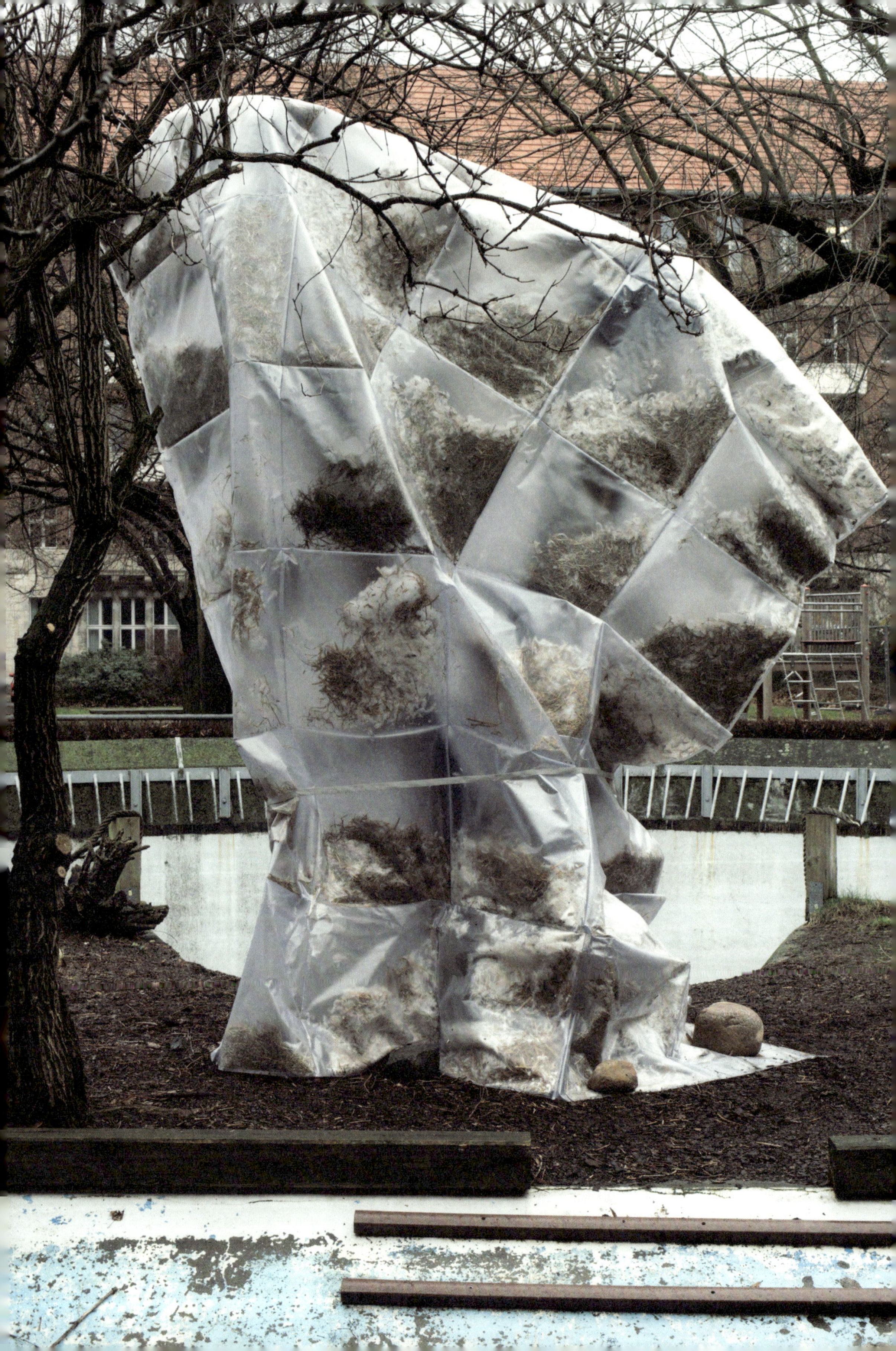

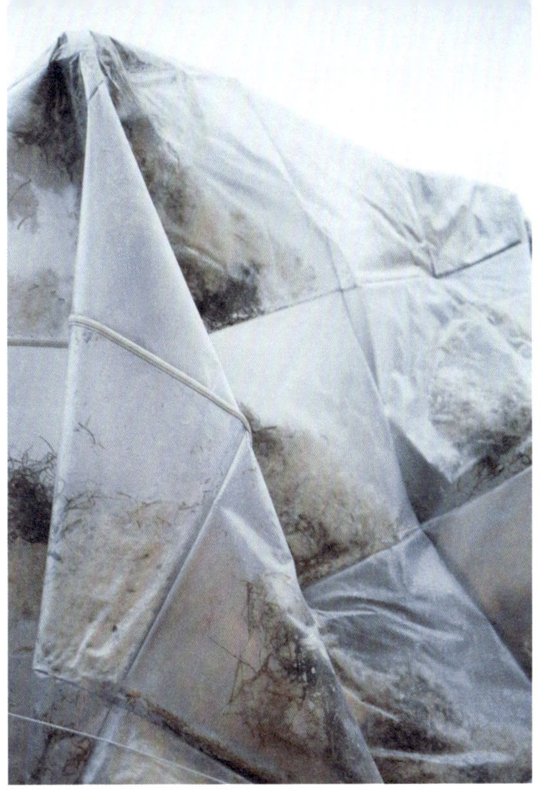

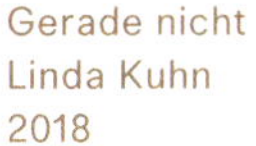

Gerade nicht
Linda Kuhn
2018

Verde que te quiero verde
Alvaro Urbano
2018
[Courtesy the artist & ChertLüdde, Berlin]

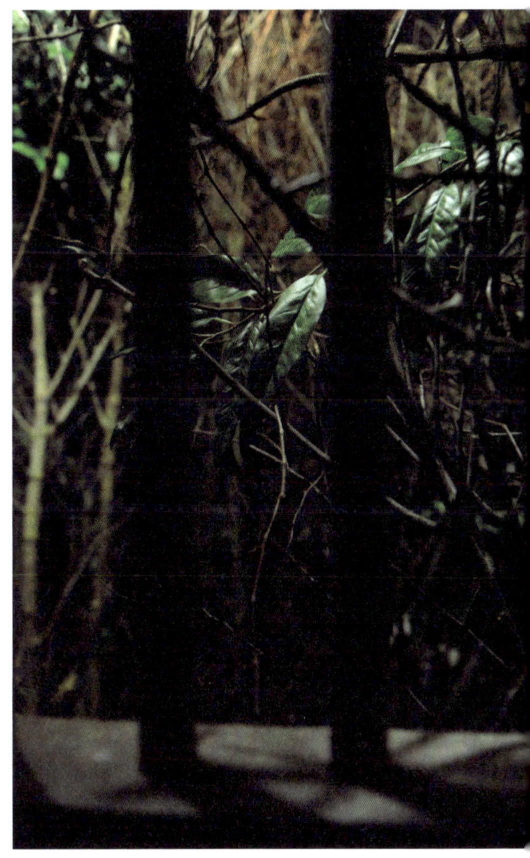

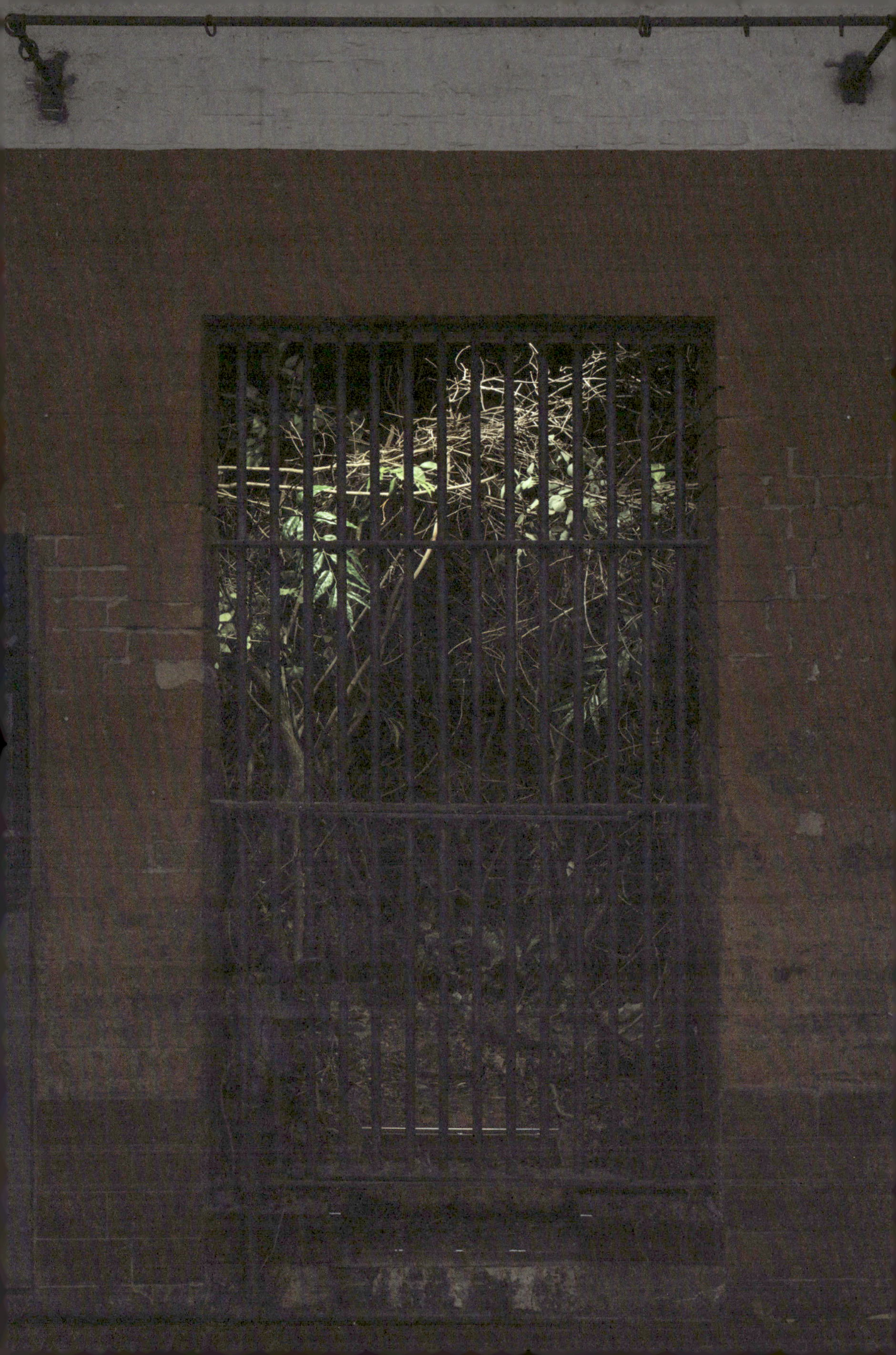

Verde que te quiero verde
Alvaro Urbano
2018
[Courtesy the artist & ChertLüdde, Berlin]

Performance ›Maloota‹
von Michel Voolta
2018

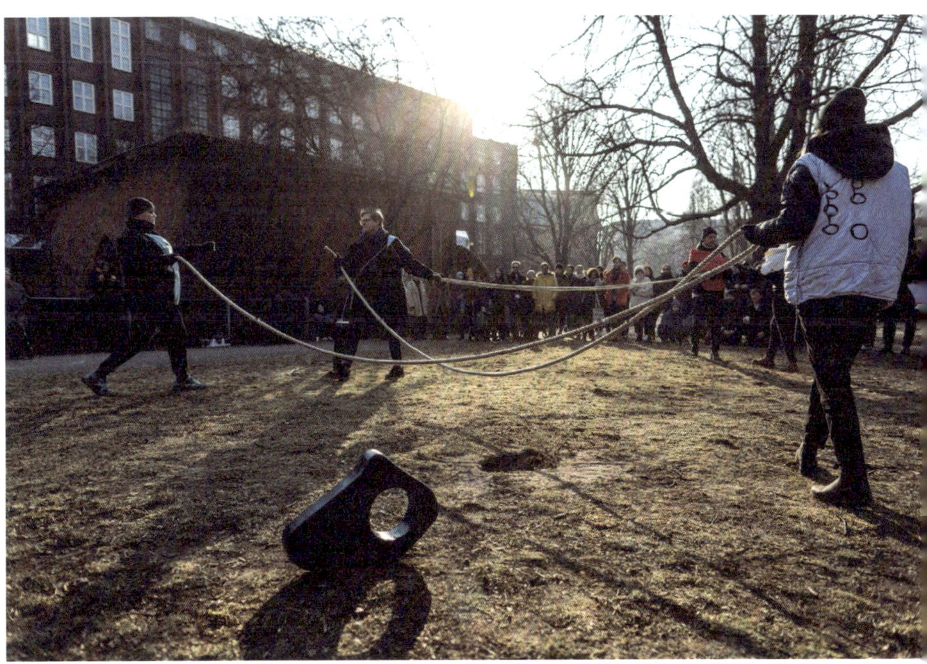

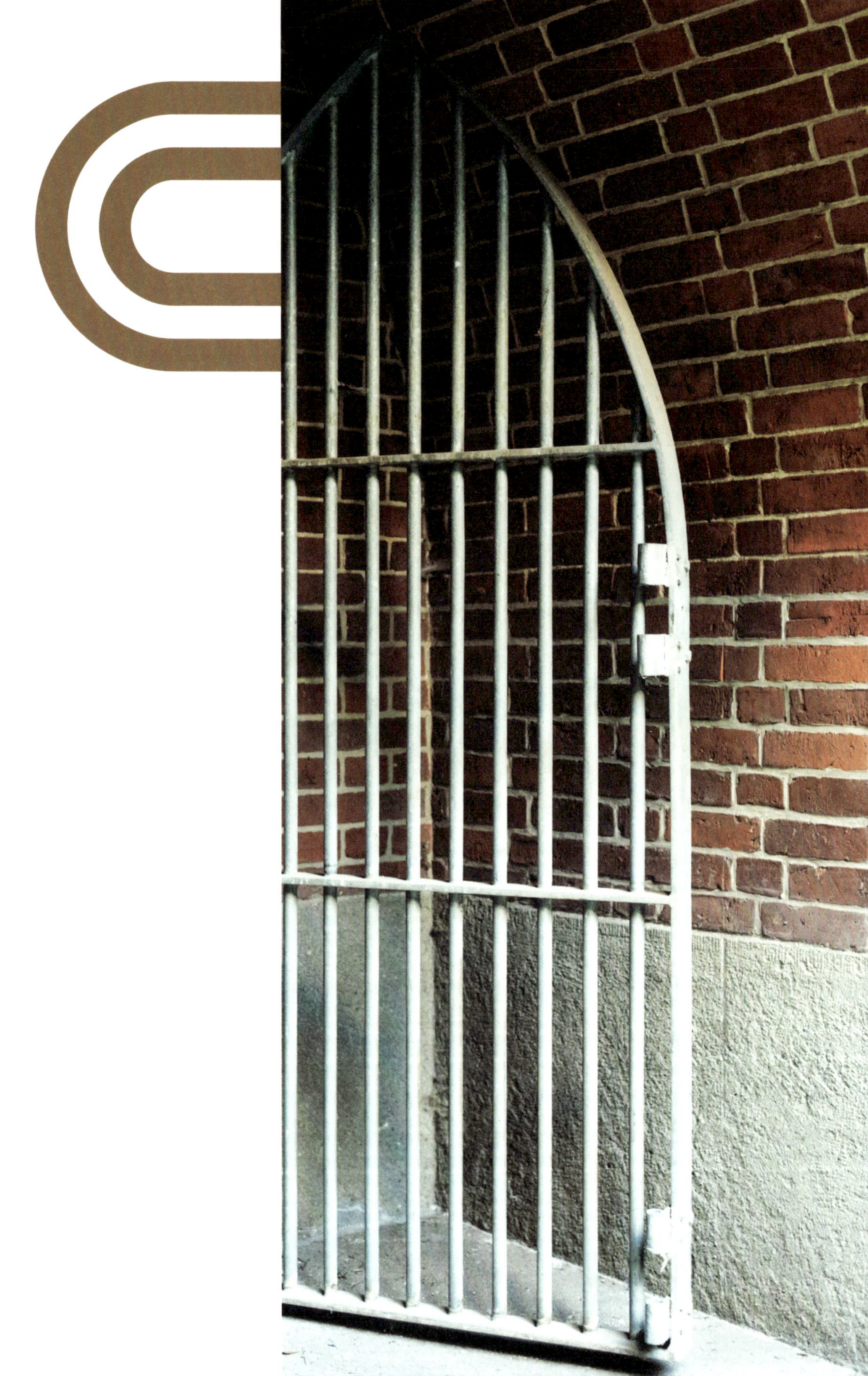

ARCHITEKTUREN

Architekturen
der
Segregation

Architectures
of
Segregation

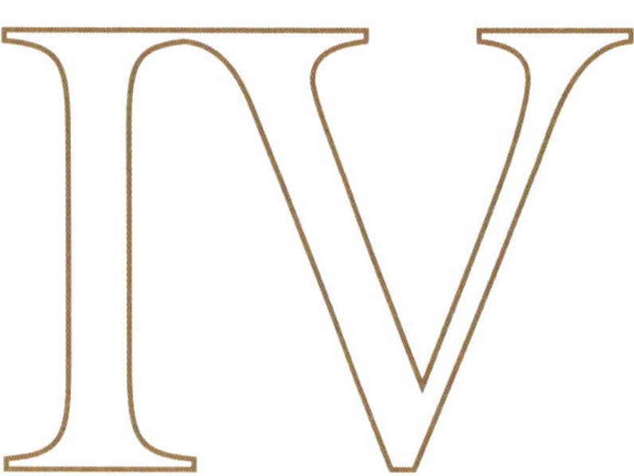

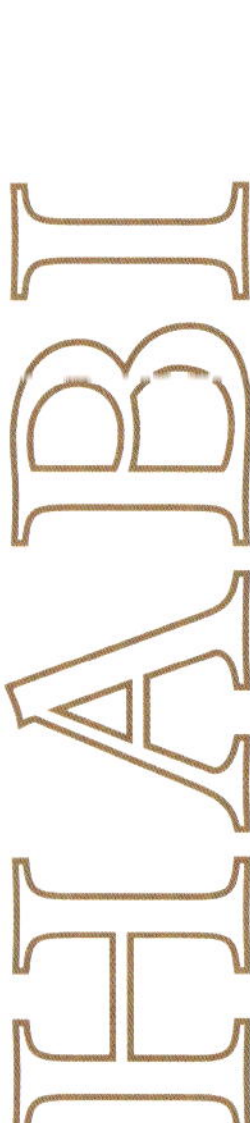

Paradigmatisch
für Zooarchitekturen gibt die Bauweise des Bärenzwingers eine starre Trennung zwischen menschlichen und tierischen Aufenthaltsbereichen vor. Als erste Ausstellung im Themenschwerpunkt ›Architekturen der Segregation‹ sucht ›Habitat‹ mittels zweier unterschiedlicher künstlerischer Strategien diese Grenzen aufzuweichen und neue Interpretations- und Erfahrungsräume zu schaffen.

Miriam Jonas, deren Arbeiten sich oftmals im Spannungsfeld von perfekter Oberfläche und dem davon überspielten Unheimlichen bewegen, überlagert die Innenwände der Käfige mit einer neuen Materialschicht und verwandelt die drei Zellen in eine begeh-, beziehungsweise bekriechbare Skulptur.

Die für die von Jonas aus Isolierplatten hergestellten Fliesenimitationen verwendete Farbe entspricht exakt dem Mischungsverhältnis des sogenannten ›Baker-Miller-Pink‹. Der Farbton, in einer Nuance kühler auch unter ›Cool-Down-Pink‹ bekannt, wurde in den späten 1960ern bis Ende der 1980er-Jahre in seiner Wirkung auf Körper und Psyche erforscht und in einigen amerikanischen und auch deutschen Gefängnissen gezielt zur Beruhigung von Insass*innen angewendet. Ziel war die ressourcensparende Reduktion aggressiven Verhaltens. Da die Maßnahmen

Paradigmatic
for zoo architecture, the structure of the Bärenzwinger provides a rigid separation between human and animal areas. As the first exhibition with the thematic focus “Architectures of Segregation”, “Habitat” seeks to undermine these boundaries by means of two different artistic strategies that open up a new space for interpretation and experience.

Miriam Jonas, whose works often move between the poles of perfect surfaces and their immanent, covered uncanny effects, overlays the interior walls of the bear cages with a new layer of material, thereby transforming the three units into a walkable, or rather, crawlable sculpture.

The color Jonas used in her tile imitations made of insulation panels matches exactly the “Baker-Miller-Pink”. The color is based on the slightly warmer hue “Cool-Down-Pink”, which was explored in the late 1960s until the end of the 1980s for its effects on the body and psyche and was used in several American and also German prisons with the aim of calming inmates down. The goal was to minimise aggressive behaviour, thereby saving on resources. However, when the measures failed to produce the economic results that were hoped for, their use was discontinued. Alongside the color values, bars made

MIRIAM JONAS
ANDREAS GREINER

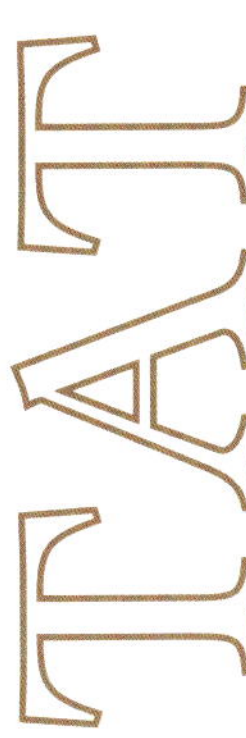

jedoch nicht den erhofften ökonomischen Nutzen erzielten, wurden sie eingestellt.

Neben dem rosa Farbwert regulieren Gitterstäbe aus Tageslichtleuchtstoff den Hormonhaushalt. Eine Fußbodenheizung, die zur Originalausstattung der Käfige gehört, strahlt Wärme ab. Hybride innenarchitektonische Referenzen schaffen ein Szenario, in dem eine Vermenschlichung der Tiere wortwörtlich genommen und die formale Speziesneutralität der Gefängnisarchitektur erfahrbar wird. Die Besucher*innen können am eigenen Leib austesten, welchen Effekt die Optimierung der Bedingungen in den Zellen hat. Überwiegt der Wunsch, sich in dem freundlich-sedierenden und Vitamin-D-spendenden, warmen und geschützten Lichtraum länger aufzuhalten? Oder breitet sich ein Gefühl von Ohnmacht und Panik aus, im Bewusstsein, einer perfiden Methode zur Kontrolle anderer Lebewesen ausgesetzt zu sein?

Die Auseinandersetzung mit exponentiellem Wachstum, Identität und Transformation von Lebewesen ist zentrales Thema in Andreas Greiners künstlerischem Werk. Biolumineszierende Algen [Pyrocystis Fusiformis] finden ihren Lebensraum in den architektonischen Begrenzungen einer Skulptur. In einem maßgefertigten System aus Glasrohren, die sich vom Boden empor Richtung Decke der ehemaligen Vorratskammer

of luminescent material imitating daylight have regulating effects on the hormonal balance. Underfloor heating, an original feature of the cages, gives off heat. References to hybrid interior architecture form a scenario in which an anthropomorphisation of the animals is taken literally and the formal species-neutrality of the prison architecture is tangible. The visitors themselves are given the chance to test the effect produced by the optimisation of the conditions in the cells. Is there a greater desire to spend more time in the warmth and protection of an illuminated space of accommodating sedation while soaking up the vitamin D, or even a desire to make yourself at home? Or does a feeling of powerlessness and panic wash over you when subjected to a perfidious method of control over other living beings?

Exponential growth, identity, and the transformation of living beings are some of the themes central to Andreas Greiner's artistic practice. Bioluminescent algae [Pyrocystis fusiformis] find their habitat within the architectural limitations of a sculpture. In a custom-made system of glass tubes, which extends from the floor towards to the ceiling of the former

des Bärenzwingers erstrecken, steigen Luftblasen auf. In diesem Habitat wird das Wachstum der Einzeller gefördert, während sie gleichzeitig einer Störung ausgesetzt werden, auf die sie mit Lichtstößen reagieren. Das oftmals als ästhetisch schön empfundene Leuchten der Mikroorganismen im dunklen Raum – wie wir es aus dem Meer kennen, wo sich Plankton in Vielzahl findet – führt uns gedanklich an den Ursprung allen Lebens.

In den Außengehegen entsteht ein Biotop für Algen – ein Projekt mit der Architektin Ivy Lee Fiebig, die vor Ort eine Symbiose mit dem Frühlingsalgenflor eingeht und einen biologischen Kreislauf innerhalb einer geschlossenen Einheit erprobt. Eine mit einem Fahrrad betriebene Pumpe sorgt für den Austausch zwischen den verschiedenen organischen und anorganischen Entitäten, die sich in kontinuierlicher Umwandlung befinden. In einem Wettlauf um die Aufrechterhaltung der lebensnotwendigen Bedingungen wird das Fahrrad betrieben, um das Algenwachstum zu potenzieren und damit den Prozess der Photosynthese und die Produktion von Energie und Nahrung sowie die Umwandlung von Kohlenstoffdioxyd in Sauerstoff zu beschleunigen.
Ziel dieses architektonischen Entwurfs einer künstlich hergestellten Eine-Frau-Biosphäre ist es, ein Gleichgewicht zwischen Mensch, Umwelt und den darin lebenden Wesen herzustellen.

storeroom of the bearpit, air bubbles are floating upwards. Within this environment, the growth of the unicellular organisms is promoted, though they are also exposed to a disturbance, to which they react with light currents. The often as aesthetically pleasing experienced glow of the micro-organisms in a darkened space – as it is familiar to us in the sea where plankton is found in abundance – calls to mind the origins of all life.

Within the outdoor enclosures, a biotope for algae is in the making – a project with architect Ivy Lee Fiebig, who, while entering into a symbiosis with the algae bloom on-site, is testing a biological cycle within a closed unit. A bicycle-powered pump provides the exchange between the various organic and inorganic entities, which find themselves in continuous transformation.
In a race for the maintenance of vital conditions, the bicycle is operated to potentiate the growth of algae, thereby accelerating the process of photosynthesis and the production of energy, nutrition, and the conversion of carbon dioxide into oxygen. The goal of this architectural design of an artificially produced one-woman-biosphere is to achieve equilibrium between the human, the environment, and the other living beings which inhabit it. This site-specific and symbolic depiction of humanity's dependence on nature

Performances
›Wasser ist schwer‹
von Ivy Lee Fiebig
›苔の Koke no Ori‹
von Setu 設

Diese ortsspezifische und symbolische Darstellung der menschlichen Abhängigkeit von der Natur führt die mannigfaltigen Qualitäten der Synergien als ein Areal vor, das weitere Erforschung sowohl auf wissenschaftlicher als auch auf gestalterischer Ebene verspricht.

Die
schlichte Schönheit japanischer Moosgärten, wie sie beispielsweise in Zenbuddhistischen Klöstern und hier von dem japanischen Architekten-Künstler-Duo Setu angelegt werden, gründet in einem tiefen Respekt für das feine Bodengewächs. Nicht nur nach einem ästhetischen Sinn strebend, sondern auch in der Absicht, das delikate Moos, das an den Mauern und zwischen den eisernen Stäben gewachsen ist, vor Mensch, Tier und trockener Witterung zu schützen, wird ihm ein optimales Habitat geschaffen.

demonstrates the manifold qualities of synergies as an area which promises further exploration on both a scientific and an artistic level.

Japanese
moss gardens, like those in Zen Buddhist monasteries or the one created here by the Japanese architect-artist duo Setu, display a simple beauty and deep respect for the fine soil plant. The design of the garden creates an optimal habitat whose function is practical as well as aesthetic: it protects the delicate moss growing on the walls and between iron bars from humans, animals, and dry weather.

Kuratiert von
Nadia Pilchowski und
Marie-Christin Lender

Miriam Jonas
studierte bei Ayse Erkmen und Katharina Fritsch an der Kunstakademie Münster, wo sie selbst seit 2017 lehrt. Vor ihrem Studium machte sie eine Ausbildung zur Bühnenmalerin und Plastikerin an der Oper Bonn.

Andreas Greiner
studierte Kunst und Medizin und schloss als Meisterschüler Olafur Eliassons am Institut für Raumexperimente ab. Greiner arbeitet an der Schnittstelle zwischen Kunst und Wissenschaft und setzt sich mit der Realität der Konsumgesellschaft auseinander.

Ivy Lee Fiebig
studierte Architektur an der Universität der Künste, Berlin. Sie arbeitet an der Schnittstelle von Kunst und Naturwissenschaft und setzt sich mit der Konstruktion von physiologischen Atmosphären, systematisch-responsiven Mikroklimaten und nachhaltigen Erfahrungsräumen auseinander.

SETU
ist ein Kollektiv, das sich aus dem Künstler Akihiro Yamamoto und dem Architekten Takafumi Tsukamoto zusammensetzt. SETU ist Japanisch und bedeutet ›installieren‹.

Miriam Jonas
studied under Ayse Erkmen and Katharina Fritsch at the University of Fine Arts in Münster, where she herself has taught since 2017. Prior to her studies, she received training in scenography and sculpting at the Bonn Opera House.

Andreas Greiner
studied art and medicine and completed his MA under Olafur Eliasson at the Institut für Raumexperimente. Greiner operates at the interface between art and science, while confronting the reality of the consumer society.

Ivy Lee Fiebig
studied architecture at the Berlin University of the Arts. She works at the interface between art and science, exploring the construction of physiological atmospheres, systematic-responsive microclimates, and sustainable spaces of experience.

SETU
is a collective consisting of Artist Akihiro Yamamoto and Architect Takafumi Tsukamoto. SETU is Japanese and means “to install”.

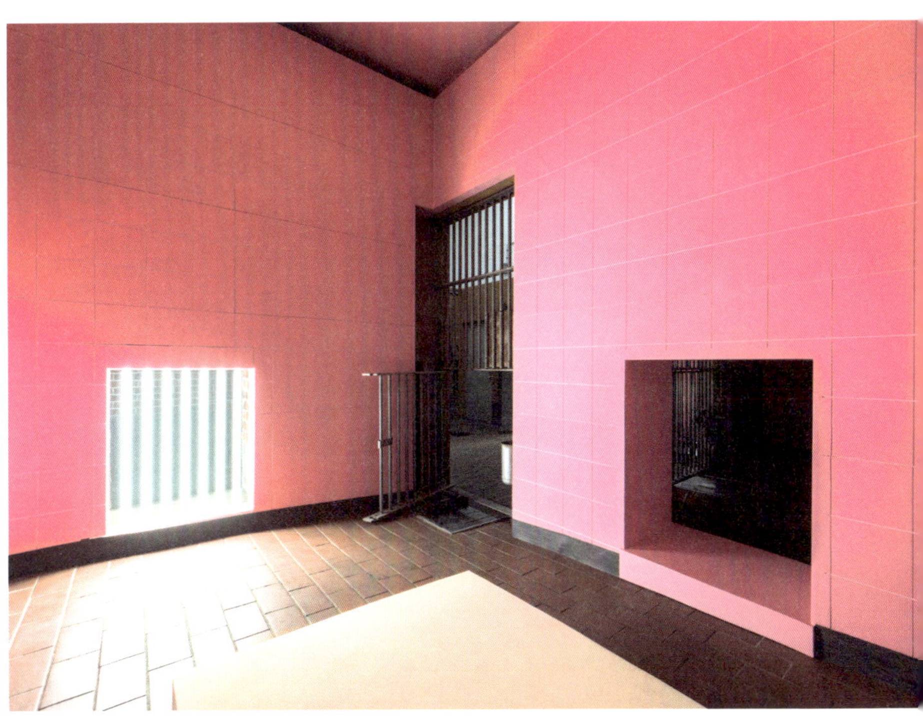

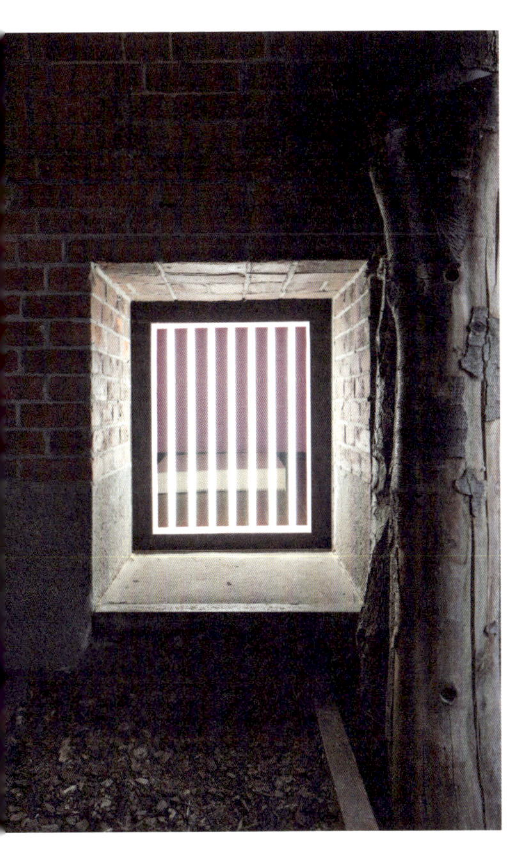

SYNC
Miriam Jonas
2018

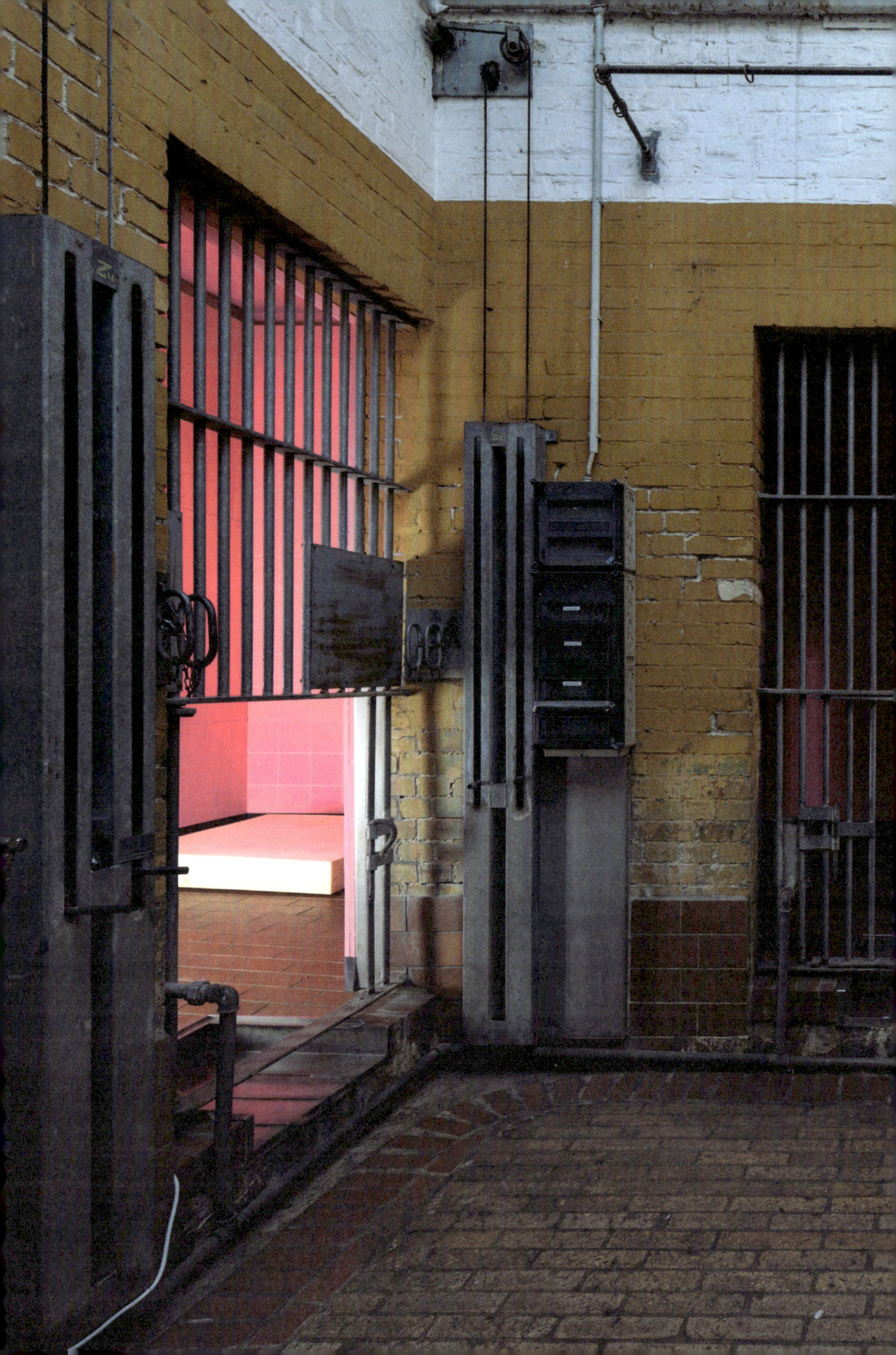

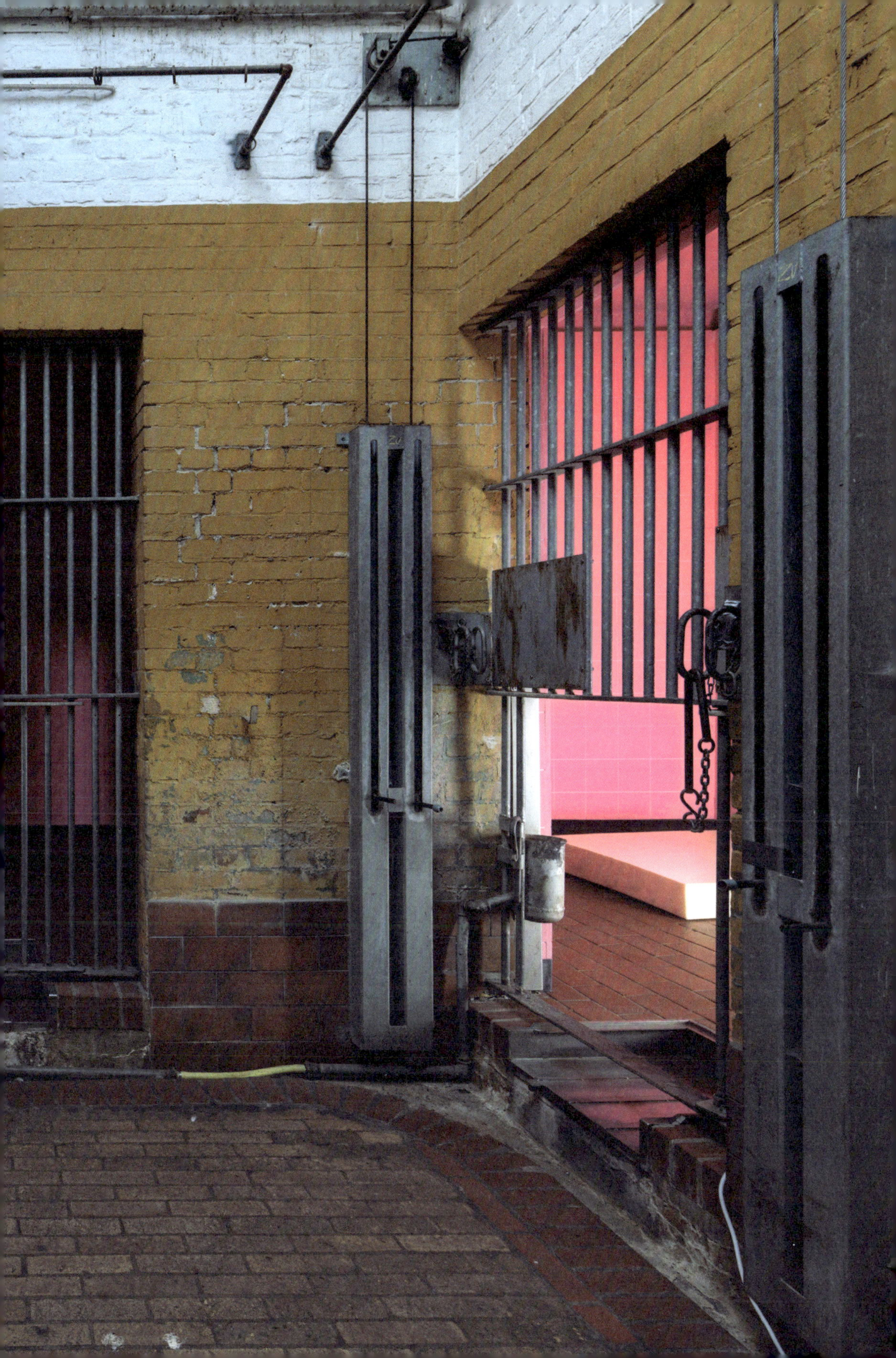

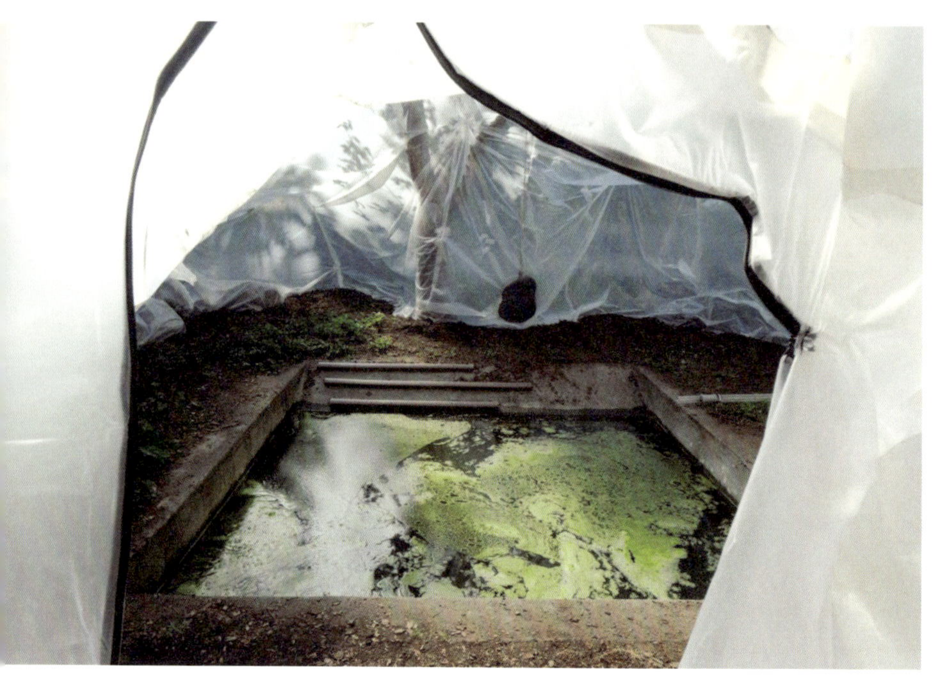

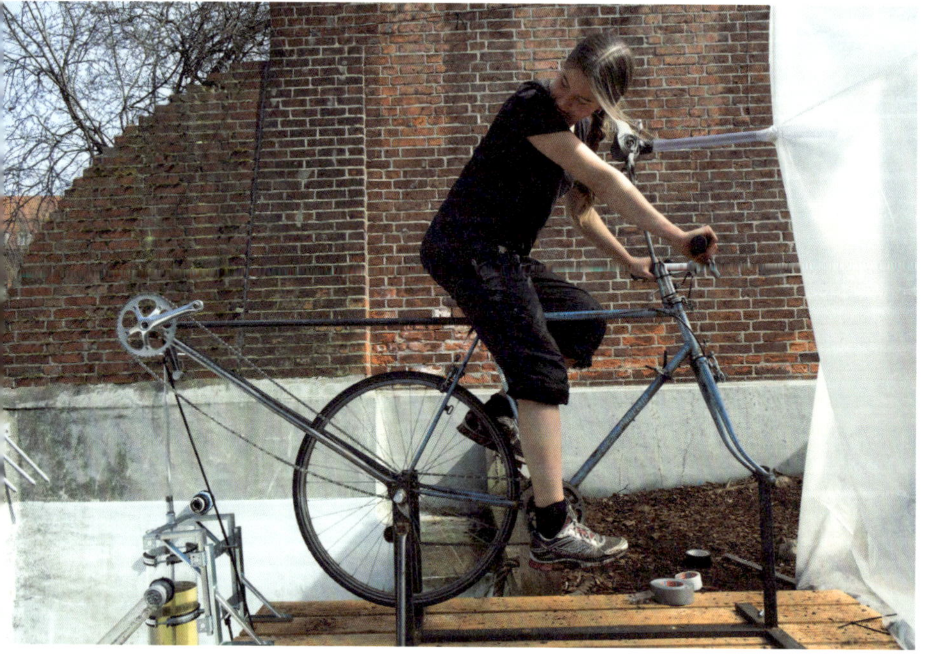

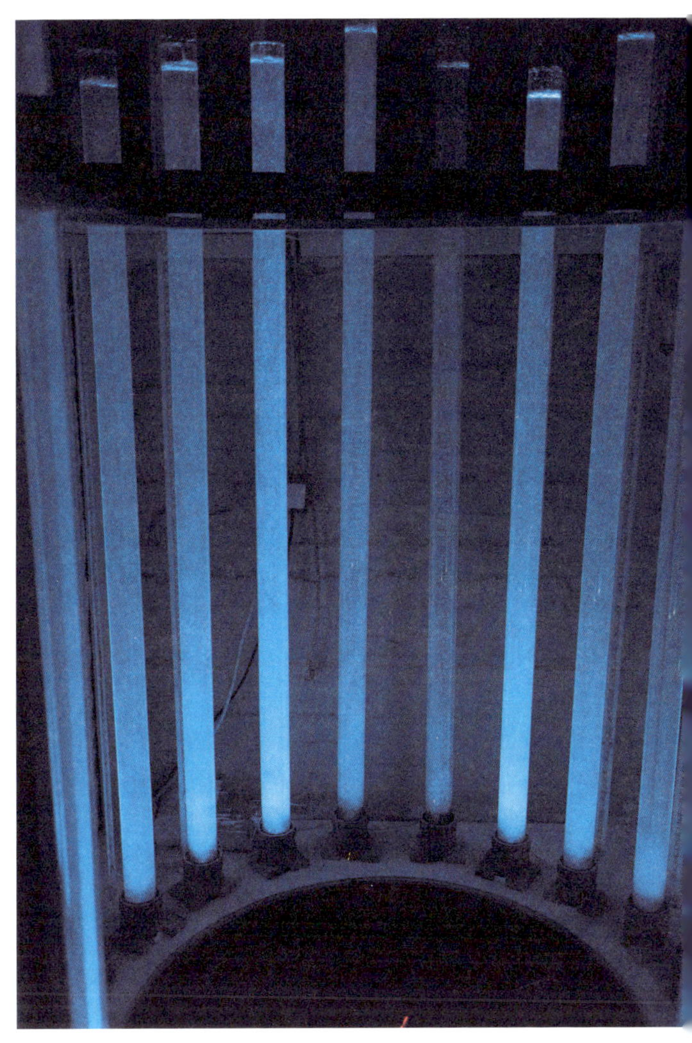

Symbiotische Architektur
Andreas Greiner feat. Ivy Lee Fiebig
2018

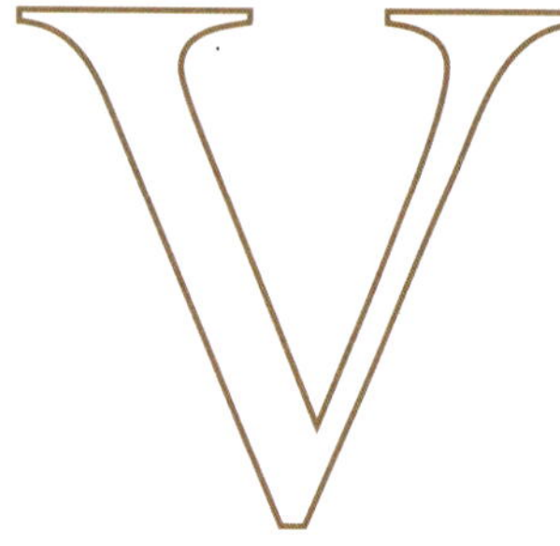

SWINGER

Der
Bärenzwinger ist ein Ort des Übergangs und der Transformation. Nachdem das Gebäude nicht mehr als Zoogehege geeignet ist, begann ein Prozess, der den Ort in Bewegung versetzt und mit neuen Bedeutungen auflädt. Als Kunstraum reflektiert er seitdem nicht nur, was er war und ist, sondern auch, welche Formen neuer Wissensproduktionen dort in Zukunft entstehen können. In der Kontextverschiebung des Zwingers vom Zoogehege zum Kunstort werden bisherige architektonische und diskursive Grenzziehungen zwischen Betrachter*innen und Betrachtetem, Objekt und Subjekt, Tier und Mensch sichtbar und es eröffnet sich die Möglichkeit, diese Verhältnisse neu zu denken. Die Ausstellung ›Swinger‹ greift dies spielerisch auf und entwickelt eine installativ-performative Antwort auf die Frage, wie Architekturen Begegnungen und Bewegungen prägen. Die gezeigten künstlerischen Arbeiten befragen die räumlichen Strukturen des Zwingers und fordern zur Neupositionierung auf.

Pätzug / Hertweck setzen sich mit der Beziehung zwischen Raum und Mensch auseinander. Dabei ist ein wesentlicher Ausgangspunkt ihrer gemeinsamen künstlerischen Praxis die Vorstellung vom Raum als Akteur. Diese Ambivalenz wird in ihren Arbeiten immer wieder neu untersucht und in Szene gesetzt. Mittels subtiler mechanischer Maßnahmen greifen sie in die

The
Bärenzwinger is a place of transition and transformation. Since the building's discontinuation as a zoo enclosure, the process began of moving forward with the site, thereby charging it with new meaning. As an art space, the site henceforth not only reflects what it once was and currently is, but also which forms of new knowledge production can potentially arise here in the future. With the contextual shift of the site from zoo enclosure to art space, former architectural and discursive demarcations between the observer and the observed, object and subject, animal and human become visible, opening up a possibility to re-think these relations. The exhibition entitled "Swinger" playfully captures this, devising an installative-performative response to the question of how architecture can shape encounters and movements. The displayed artistic works query the spacial structures of the enclosure and call for a new positioning.

Pätzug / Hertweck deal with the relationship between space and man. An essential starting point of their collaborative artistic practice is the notion of the space itself as a participatory element. In their works, this ambivalence is repeatedly re-examined and put in the spotlight. By means of subtle mechanical measures, the artists intervene

KERSTIN HONEIT
PÄTZUG / HERTWECK

Struktur des vorgegebenen Ortes ein und falten seine ursprüngliche Funktionalität in eine unerwartete Performance. Dabei rücken die Werke Pätzug / Hertwecks in die Nähe von Theater und Tanz. Unter dem Titel ›Pagodenwackeln‹ installieren sie im Bärenzwinger einen großformatigen Vorhang, der sich durch den Innen- und Außenraum bewegt und schwingend die Gitter und Türen des Zwingers überwindet. Dabei werden immer wieder neue Beziehungen und Konstellationen zwischen Besucher*innen und dem Raum provoziert und die Grenzen zwischen Subjekten und Objekten verschoben. Sie schaffen so eine permanente Neuordnung der Verhältnisse im Zwinger, die in einer Schleife um sich selbst dreht.

In ihrer künstlerischen Forschung untersucht Kerstin Honeit in Form von Videoarbeiten, Performances und Installationen die Produktion hegemonialer Bilderwelten in den Medien der Informationsgesellschaft und Popkultur. Sie arbeitet an den Schnittstellen zwischen Repräsentation und Rezeption und interveniert hier mit Fragestellungen zur Konstruktion gesellschaftlicher Normative. Der Titel der Ausstellung greift das auf und kokettiert dabei bewusst mit gesellschaftlich nicht-akzeptierten [sexuellen] Normübertretungen. Ihre hierfür entwickelte Video-Arbeit ›Panda Moonwalk or Why Meng Meng Walks Backwards‹ widmet sich dem Protest der Berliner Pandabärin Meng Meng

with the structure of the given site, folding its original function into an unexpected performance, thus bringing Pätzug / Hertweck's works closer to the realms of theater and dance. Under the title "Pagodenwackeln", they install a large drape inside the Bärenzwinger, which moves through the interior and exterior of the space, surmounting the security grates and doors of the enclosure in a swinging motion. New relationships and constellations between visitors and the space are repeatedly provoked, shifting the boundaries between subjects and objects. In doing so, a permanent restructuring of relations within the enclosure is established, one that loops around itself.

In her artistic research, Kerstin Honeit examines the production of hegemonic imagery in the media of the information society and pop culture by means of video works, performances, and installations. She operates at the interface between representation and reception, intervening with questions pertaining to the construction of societal norms. The exhibition title alludes to this idea, thereby consciously flirting with socially unacceptable [sexual] normative transgressions. Developed for this purpose, her video work "Panda Moonwalk or Why Meng Meng Walks Backwards" is devoted to the protest of the Berliner panda bear Meng Meng

gegen die Situation ihrer Haltung im Zoo. Kerstin Honeits Video setzt sich mit Meng Mengs Widerstand und anderen Formationen protestierender Körper auseinander, die sich als Bewegungen im öffentlichen Raum artikulieren, um Missstände zu bekämpfen. Dabei spielen Mittel der Aufführung und des Tanzes eine zentrale Rolle, um die Performance individueller Körper als Kollektiv zu choreografieren.

In ihrem Zusammenspiel entfalten die Arbeiten einen reflexiven Raum, in dem marginalisierte Körper zur Sprache kommen und aus dem starren Denken in Taxonomien und begrifflichen Grenzen heraustreten. Die Choreographie widersetzt sich räumlichen und diskursiven Verhältnissen und schafft einen Ort, der etablierte Raum- und Körpergrenzen wie auch Norm- und Begriffsgrenzen in Schwingung versetzt.

against the situation of her confinement in the zoo. Honeit's video deals with Meng Meng's resistance as well as other formations of protesting bodies, which are expressed as movements in public space, to fight injustices.
At the same time, the mediums of performance and dance play a central role in choreographing the performance of individual bodies as a collective.

In their interplay, the works unfold a reflexive space, in which marginalised bodies are brought to the fore, withdrawing from rigid thinking in taxonomies and conceptual boundaries.
The choreography resists spacial and discursive relations and creates a place that sets into oscillation established spacial and physical boundaries, as well as normative and conceptual boundaries.

Workshop
›Dictionary of Now – ANIMAL‹
mit der Philosophin Rosi Braidotti,
initiiert vom Haus der Kulturen der Welt

Kuratorische Führung
durch die Ausstellung

Finissage
mit Lecture Performance von
Prof. Dr. Stefanie Wenner und
anschließend Musik mit Frinda di Lanco

Against
Aboutness oder ›Wie nicht sprechen‹: Der Anthropologe Martin Holbraad fragte ›Can the thing speak?‹ und eröffnete damit den nicht endenden Reigen von Texten, die sich in der Tradition Gayatri Chakravorty Spivaks mit der Frage befassten, ob die Subalterne sprechen könne. Das Politische in der Kunst handelt oft genug genau davon, zur Sprache zu bringen, was nicht vorkommt im hegemonialen Sprechen. Was aber, wenn Sprache nicht das geeignete Mittel wäre, auch wissenschaftliche Sprache nicht, höchstens Poesie? Was, wenn Sprache selbst das Problem ist, der gesuchte Übeltäter, dem nur beigekommen werden kann, indem gesagt wird, was sprachlich nicht ausgesagt werden kann? Wenn etwas eben nicht über etwas ist, sondern mit etwas?

Against
Aboutness or "How not to speak": the anthropologist Martin Holbraad asked, "Can the thing speak?", thereby triggering the never-ending sequence of essays which in the tradition of Gayatri Chakravorty Spivak addressed the question of whether the subaltern could speak. Politics in art looks often enough at precisely articulating that which fails to be addressed in hegemonic speech. But what if language were not the appropriate medium, not even scientific language, but poetry at most? What if language itself is the problem, the wanted culprit that can only be tackled by saying that which cannot be declared via language? If something isn't about something, but with something?

Kuratiert von
Stefan Aue, Anne Hölck
und Jessica Páez

Kerstin Honeit
untersucht in ihrer künstlerischen Forschung in Form von Videoarbeiten, Performances und Installationen die Produktion hegemonialer Bilderwelten in den Medien der Informationsgesellschaft und Popkultur, um an den Schnittstellen zwischen Repräsentation und Rezeption mit Fragestellungen zur Konstruktion gesellschaftlicher Normative zu intervenieren.

Irene Pätzug und Valentin Hertweck
arbeiten seit 2012 gemeinsam an großformatigen Installationen, die sich unter Verwendung kinetischer Elemente mit dem Medium Raum auseinandersetzen. Ihre Arbeiten hinterfragen die Beziehung zwischen Raum und Mensch, indem der Raum zum Akteur wird.

Stefanie Wenner
ist Professorin für Angewandte Theaterwissenschaft und Produktionsdramaturgie an der HfBK Dresden und arbeitet an besseren Darstellungen von Wirklichkeit.

Kerstin Honeit
Using video works, performance, and installations in her artistic research, Kerstin Honeit examines worlds of hegemonic image production in the media of information technology and pop culture. Intervening at the boundaries of representation and reception, she questions the construction of social norms.

Irene Pätzug and Valentin Hertweck
have been collaborating since 2012 on large-scale installations that employ kinetic elements to address space as a medium. Their work interrogates the relationship between space and human; their collaborative practice is rooted in the conception that space it self is an actant, and not only the humans populating it.

Stefanie Wenner
is Professor of applied theater studies and dramaturgy of production at the HfBK Dresden and works on better representations of reality.

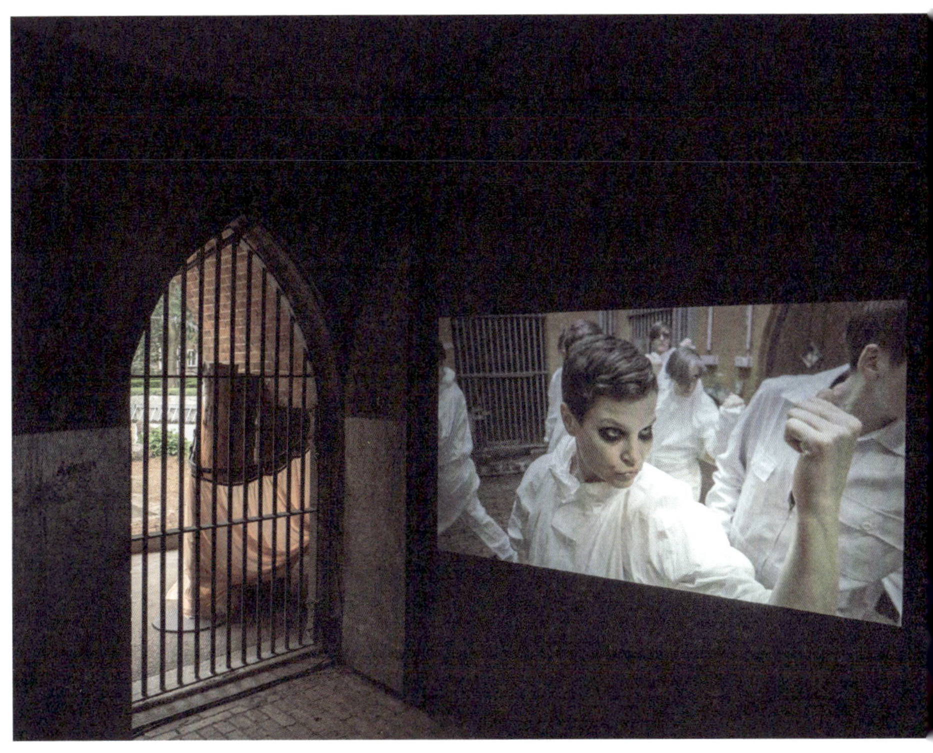

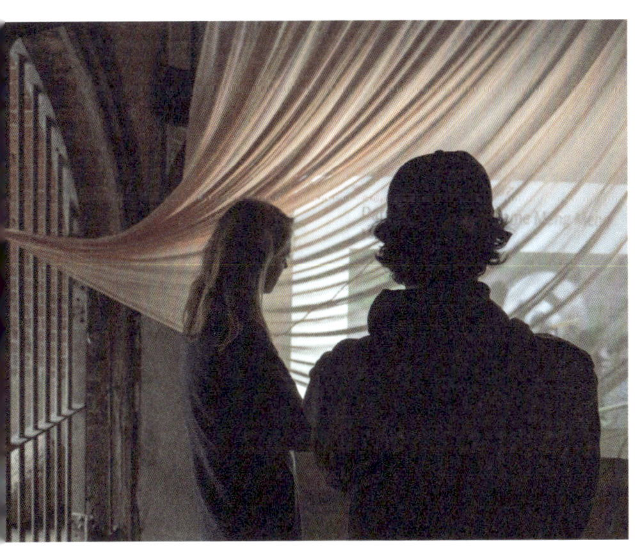

Panda Moonwalk
or Why Meng Meng
Walks Backwards
Kerstin Honeit
2018

→

Pagodenwackeln
Pätzug / Hertweck
2018

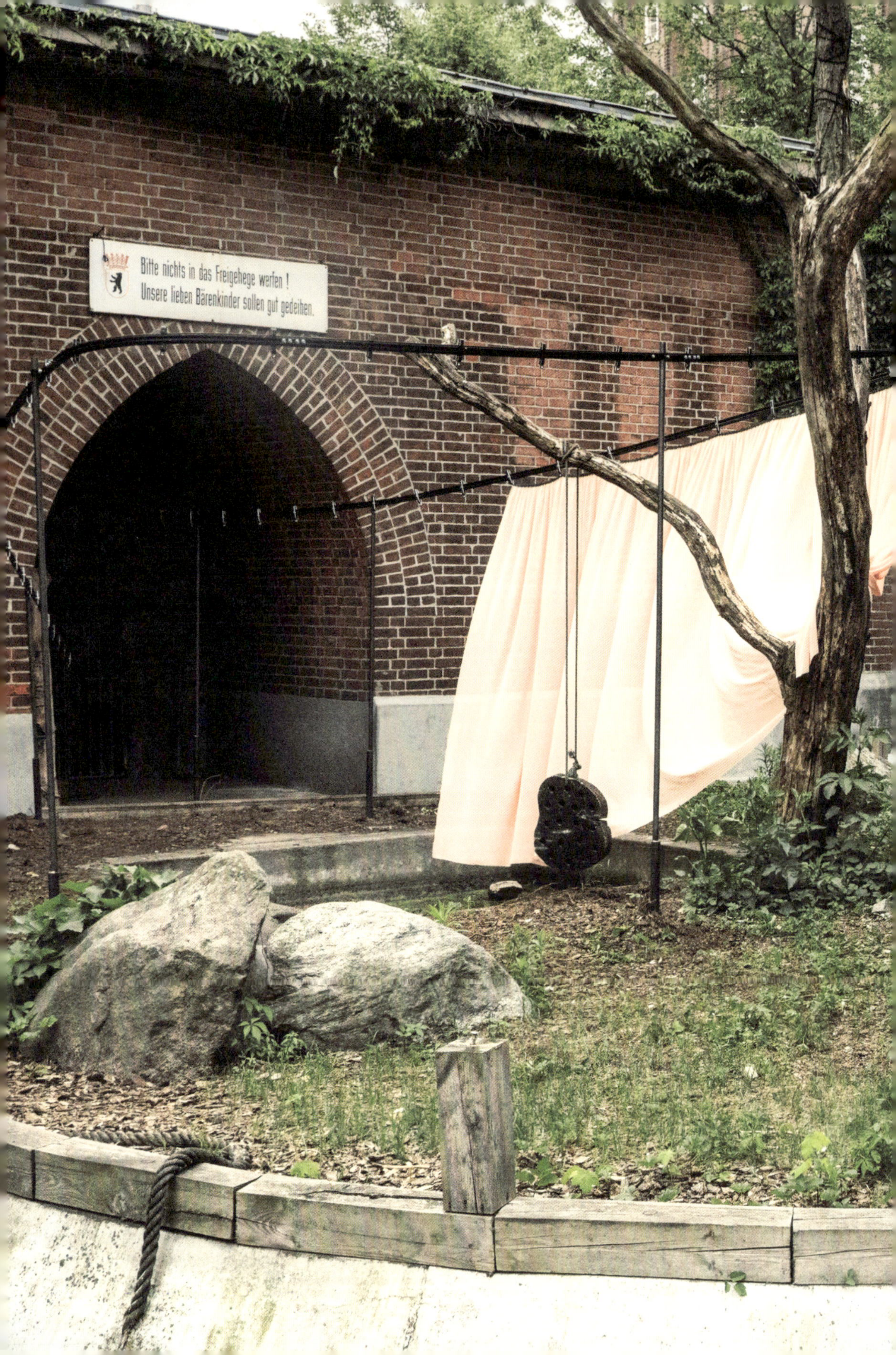
Bitte nichts in das Freigehege werfen !
Unsere lieben Bärenkinder sollen gut gedeihen.

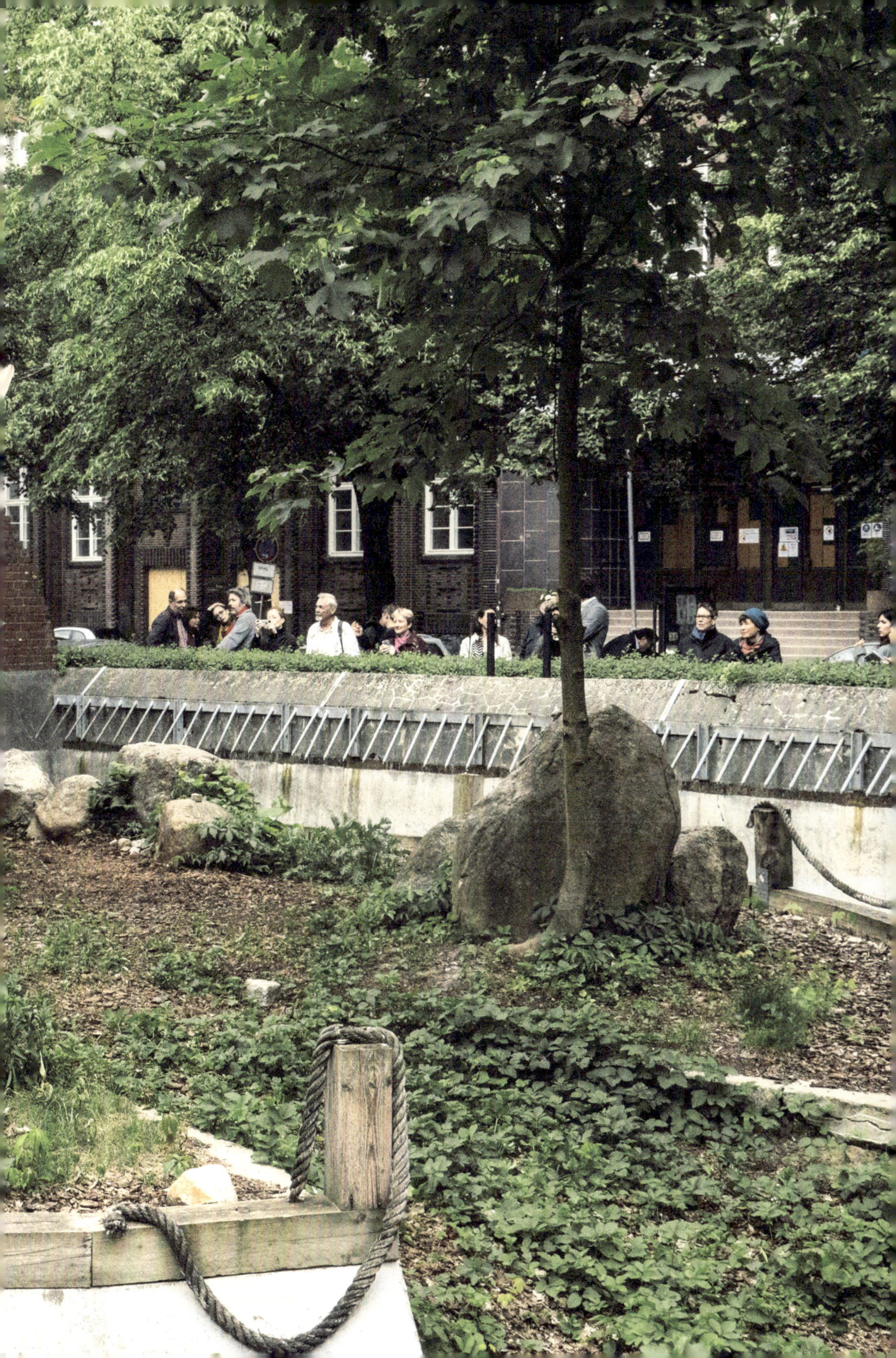

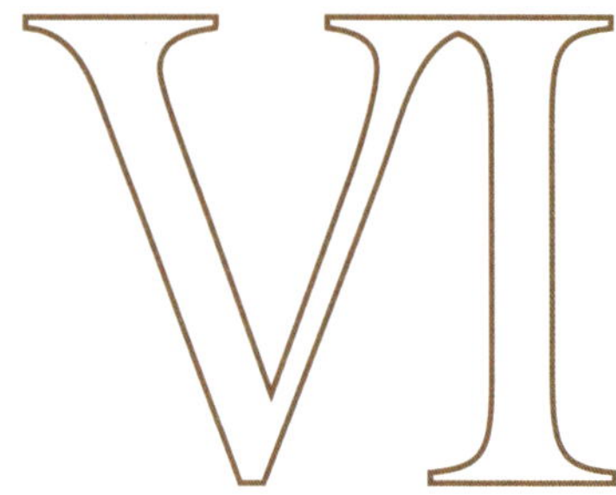

GRABEN

ALEX LEBUS
MARTEN SCHECH
LAWRENCE POWER
KATHARINA BÉVAND

Anhand
der räumlichen Infrastruktur im Bärenzwinger und um ihn herum erkundet die Ausstellung ›Grabenblicke‹ ortsspezifische Blickdispositive und deren Effekte auf die Verhältnisse von Identität und Alterität. Der Blick in die Außengehege des Bärenzwingers muss einen Zaun, eine Hecke, eine Mauer, Metallzähne, Gräben und eine hölzerne Absperrung überwinden. Hinter diesen begrenzenden architektonischen Elementen trifft er schließlich auf sich selbst: Die bearbeiteten Spiegel der raumgreifenden Installation ›DEFENCE‹ von Alex Lebus irritieren die architektonische Zuweisung von Subjekt- und Objektbeziehungen und verunsichern den Ort der Betrachter*innen.

Im gegenüberliegenden Gehege trifft der Blick auf ein Haus, dessen Kontext, Funktion und Herkunft im Unklaren bleiben und das deshalb seltsam deplatziert wirkt: In der Arbeit ›ein Haus auf Steinen auf einer Insel‹ von Marten Schech wird das künstliche, ehemals für die Bären eingerichtete Habitat samt der dort platzierten Findlinge zur Bühne und Bausubstanz.

Das Innere des Bärenzwingers blieb den Blicken der Öffentlichkeit lange versperrt. Im Vorraum greift Lawrence Power die zum Teil obsolet gewordenen zweckmäßigen Infrastrukturen wie Stromkasten und Kabelschienen mit

Reflecting
the spacial infrastructure in and around the Bärenzwinger, the exhibition “Grabenblicke” explores site-specific dispositives of gaze and their effects on the relationships between identity and alterity. The view into the outdoor enclosures of the Bärenzwinger must clear a fence, a hedge, a wall, metal shark-tooth spikes, trenches, and a wooden barrier. Behind these confining architectural elements the view eventually encounters itself: by means of modified mirrors, the expansive installation “Defence” by Alex Lebus disrupts the architectural assignment of subject and object relations and unsettles the viewers’ position.

In the opposite enclosure the gaze falls upon a house, whose context, function, and origin remain unclear, and that seems strangely out of place. With his work “ein Haus auf Steinen auf einer Insel”, Marten Schech transforms the artificial habitat once set up for the bears, including the boulders placed around the site, into both a stage and building material.

The interior of the Bärenzwinger was long kept out of public view. In the anteroom, Lawrence Power unlocks the functional infrastructures already partly obsolete, such as electrical boxes and cable rails, lending pictorial expression. By duplicating and extending the

malerischen Mitteln auf. Mittels subtiler Eingriffe und Erweiterungen vervielfältigen und kommentieren Powers ›Paintings for a Claustrophobic Room‹ die Oberflächen der vorfindlichen Elemente und erklären den Raum selbst zur Leinwand.

Die Klanginstallation ›Grid‹ von Katharina Bévand vermisst schließlich die Architektur des abgedunkelten Zwingerraums samt der sich dort gegenüberliegenden Hohlräume mit auditiven Mitteln und gezielt eingesetztem Licht. Ihre Sounds werden reflektiert von Mauern, Decken und Käfiggittern – und durchdringen diese segregierenden Architekturen zugleich, wodurch nicht zuletzt die Blicke auf die anderen in der Ausstellung vertretenen Arbeiten in neue Konstellationen zueinander rücken.

Die Bewegung durch den zentralen Raum des Bärenzwingers hindurch führt schließlich dorthin, wo wir uns eingangs bereits erblickt haben: ins Außengehege hinter den Graben.

present elements, Powers "Paintings for a Claustrophobic Room" multiply and comment on their surfaces, interpreting the space itself as a canvas.

Via auditory means and precisely directed light, Katharina Bévand's sound installation "Grid" ultimately surveys the architecture of the darkened Zwinger space and the cavities located opposite. Its sounds reflect from walls, ceilings, and security grates – penetrating the segregating architectures at the same time and subsequently rearranging the views of the other artworks within the exhibition into new constellations.

Movement through the central space of the Bärenzwinger finally leads to where we caught our first glimpse: in the outdoor enclosure, behind the trenches.

Kuratiert von
Julia Heunemann
und Sebastian Häger

Im Rahmen von ›itinerant interlude #22‹ führen der Kontrabassist Adam Goodwin und Tänzer Michiyasu Furutani eine Reihe von Duetten auf, die von der räumlichen Infrastruktur des ehemaligen Bärenzwingers, seinen vormaligen Bewohner*innen und den ortsspezifischen Installationen, die die Ausstellung ›Grabenblicke‹ zusammenführt, inspiriert wurden und darauf reagieren. An einem einzigartigen, neuen Ort zur Aufführung gebracht, trifft zeitgenössische Musik für Kontrabass – von James Tenney, Giacinto Scelsi und Adam Goodwin – auf von Butoh beeinflussten Tanz, wobei jede musikalische Komposition eine Erkundung der Natur des Sounds selbst ist.

itinerant interludes präsentiert Pop-up Aufführungen von herausragenden Musiker*innen in ausgewählten Galerien und Kunstorten in Berlin. Die Aufführungen reichen von zeitgenössischer Avantgarde bis zur Improvisation, vom Akustischen zum Elektronischen, manchmal erweitert durch Tanz und Poesie, und werden in Zusammenarbeit mit Galerien, Künstler*innen und Musiker*innen kuratiert. Ziel der Reihe ist, einen Schnittpunkt und einen lebendigeren Dialog zwischen dem Publikum der visuellen und der akustischen Künste anzuregen. Die 2018er Reihe wurde durch die Unterstützung der initative neue musik berlin ermöglicht. Das Projekt wird von Laurie Schwartz kuratiert.

For "itinerant interlude #22", double bassist Adam Goodwin and dancer Michiyasu Furutani performed a series of duos inspired by and reacting to the spatial infrastructure of the former bear pit, its former inhabitants, and the site-specific installations that comprise the exhibition "Grabenblicke". Staged at a unique new site, contemporary music for double bass – by James Tenney, Giacinto Scelsi, and Adam Goodwin – intersected with Butoh-influenced dance, with each musical composition an investigation into the nature of sound itself.

itinerant interludes presents pop-up performances by outstanding musicians in select galleries and institutions of art throughout Berlin. Performances range from the contemporary avant-garde to improvisation, from the acoustic to the electronic, sometimes include dance and poetry, and are curated in collaboration with respective galleries, artists, and musicians. The series aims to provide a point of intersection and, ultimately, to stimulate a more vibrant dialogue between audiences of the visual and aural arts. The 2018 series is made possible with support from the initiative neue musik berlin. The project is curated by Laurie Schwartz.

Performance
›itinerant interlude #22‹ mit
Adam Goodwin, double bass
und Michiyasu Furutani, dance

Lawrence Power
studierte bei Norbert Schwontkowski und Anselm Reyle an der HFBK Hamburg sowie an der Université du Québec à Montréal [Kanada]. Er war mit Einzelausstellungen unter anderem vertreten bei Balzer Projects [Basel], Pablo's Birthday [New York City], bei Emmanuel Post [Berlin] sowie in Hamburg in der Diane Kruse Galerie.

Alex Lebus
studierte Bildende Kunst an der HfBK in Dresden und war Meisterschülerin bei Prof. Eberhard Bosslet. Sie präsentierte ihre Arbeiten in zahlreichen Einzel- und Gruppenausstellungen, unter anderem im Kunstraum Potsdam, in der Galerie EIGEN + ART Leipzig / Berlin, in der Städtischen Galerie Dresden und bei PING PONG Basel. Lebus wird vertreten von EIGEN + ART Lab, Berlin.

Marten Schech
studierte an der HfBK in Dresden, bei Prof. Franka Hörnschemeyer in Düsseldorf, an der University of Leeds [GB] und war Meisterschüler bei Prof. Wilhelm Mundt. Er wird vertreten durch die Galerie Bernhard Kanus Fine Art, Frankfurt / Main und präsentierte seine Arbeiten in Einzel- und Gruppenausstellungen im Förderverein Aktuelle Kunst [FAK] am Institut für Kunstgeschichte, Münster, im Kunstpalais Erlangen und im Kunstverein Hamburg.

Lawrence Power
studied under Norbert Schwontkowski and Anselm Reyle at the HFBK Hamburg as well as the Université du Québec à Montréal [Canada]. His solo exhibitions have featured at Balzer Projects [Basel], Pablo's Birthday [New York City], Emmanuel Post [Berlin] as well as in Hamburg at the Diane Kruse Galerie.

Alex Lebus
studied fine arts at the HfBK in Dresden, completing her master class under Prof. Eberhard Bosslet. She has participated in numerous solo and group exhibitions at Kunstraum Potsdam, Galerie EIGEN + ART Leipzig/Berlin, the Dresden City Art Gallery, and PING PONG Basel, among others. Alex Lebus is represented by EIGEN + ART Lab, Berlin.

Marten Schech
studied at the HfBK in Dresden, under Prof. Franka Hörnschemeyer in Düsseldorf, at the University of Leeds [GB] and completed his master class under Prof. Wilhelm Mundt. He is represented by Galerie Bernhard Kanus Fine Art, Frankfurt am Main and was featured in solo and group shows at Förderverein Aktuelle Kunst [FAK] at the Institute of Art History, Münster, at Kunstpalais Erlangen, and at Kunstverein Hamburg.

Katharina Bévand
studierte Freie Kunst an Universitäten in Spanien, Südkorea und Brasilien und absolvierte den Master in Sound Studies an der Universität der Künste Berlin. 2017 erhielt sie eine Anerkennung für hervorragende künstlerische Leistungen bei ›bonn hoeren – sonotopia‹ der Beethoven Stiftung für Kunst und Kultur Bonn.

Adam Goodwin
Die musikalische Arbeit des Kontrabassisten und Komponisten Adam Goodwin deckt eine große Vielfalt von Genres, Zugängen und Techniken ab – von Doom Metal bis zur freien Improvisation, von zeitgenössischen Notationen bis zu traditioneller türkischer, griechischer und arabischer Musik.

Michiyasu Furutani
ist ein Performer und Tänzer, dessen Arbeit und Ausdruck aus der Butoh-Technik und Praxis hervorgeht. In einem Prozess fortlaufender Forschung hat er sein Bewegungsvokabular entwickelt, das Kontaktimprovisation und eine Bandbreite moderner und klassischer Techniken umfasst.

Katharina Bévand
is a sound artist currently based in Berlin. After studying fine arts at universities in Spain, South Korea, and Brazil, she completed her MA in sound studies at Berlin University of the Arts.
In 2017 she received an honorary mention at “sonotopia-bonn hoeren” of the Beethoven Foundation for Art and Culture Bonn.

Adam Goodwin
is a double bass player and composer whose musical output encompasses a wide variety of genres, approaches and techniques – from doom metal to free improvisation, from contemporary scores to traditional Turkish, Greek, and Arabic music.

Michiyasu Furutani
is a performer and dancer whose work and expression grow from Butoh technique and practice. In a process of continual research, he has developed his vocabulary of movement to encompass contact improvisation and a variety of modern and classical techniques.

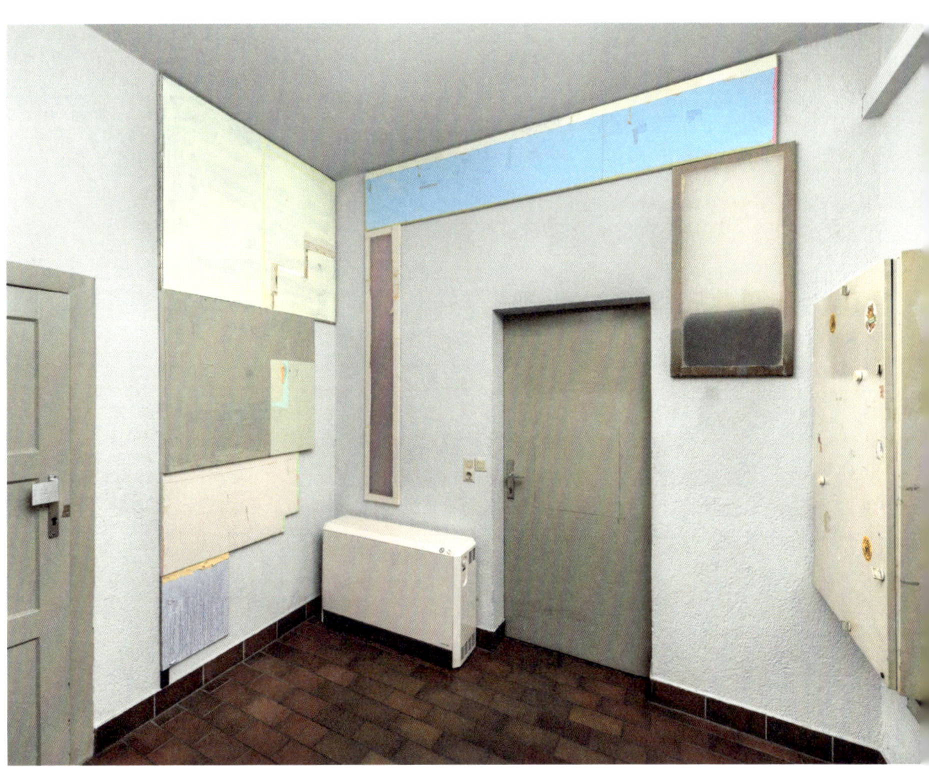

Paintings for a Claustrophobic Room
Lawrence Power
2018

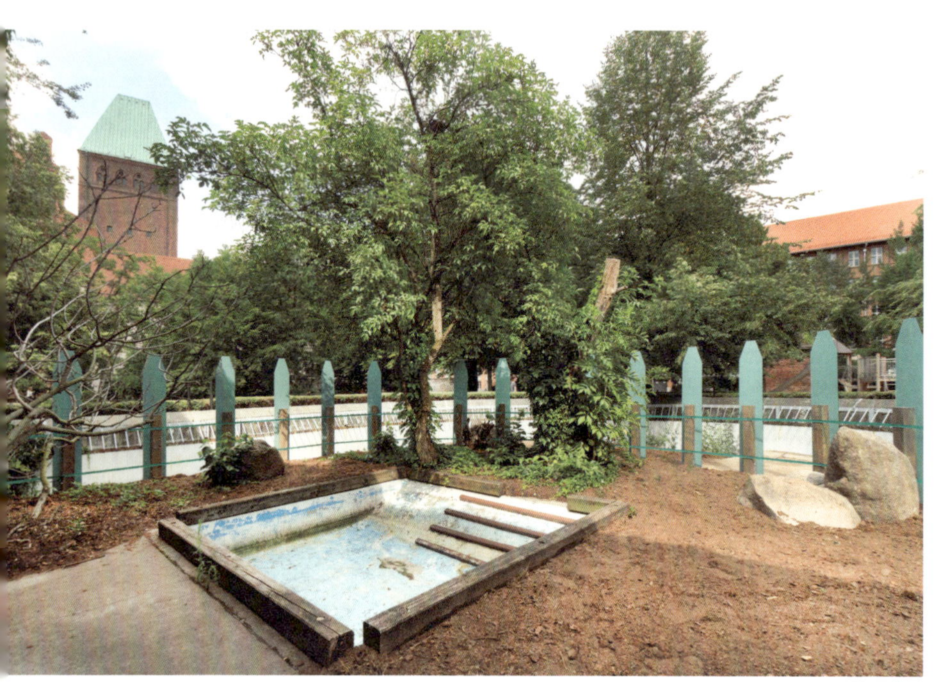

DEFENCE
Alex Lebus
2018

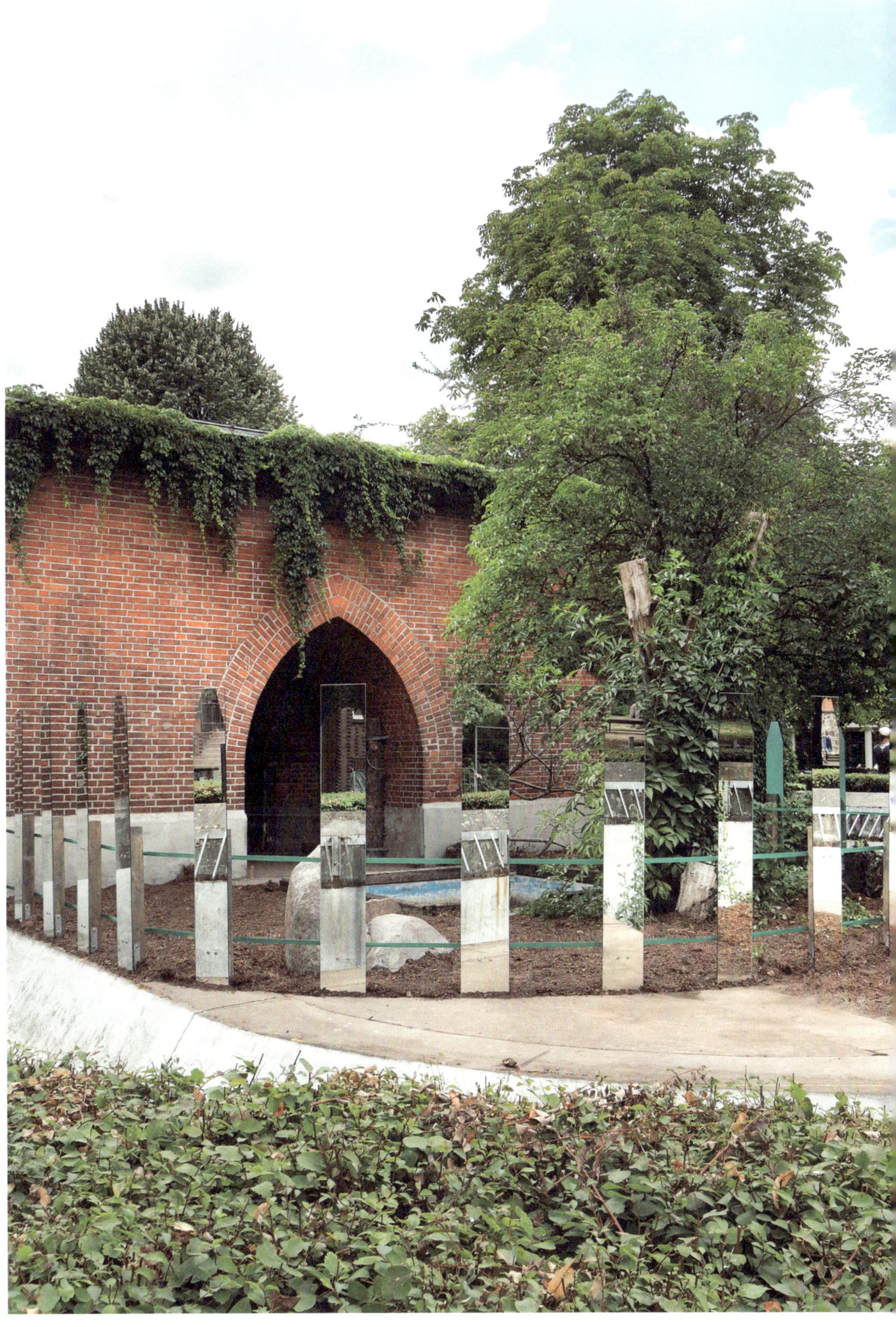

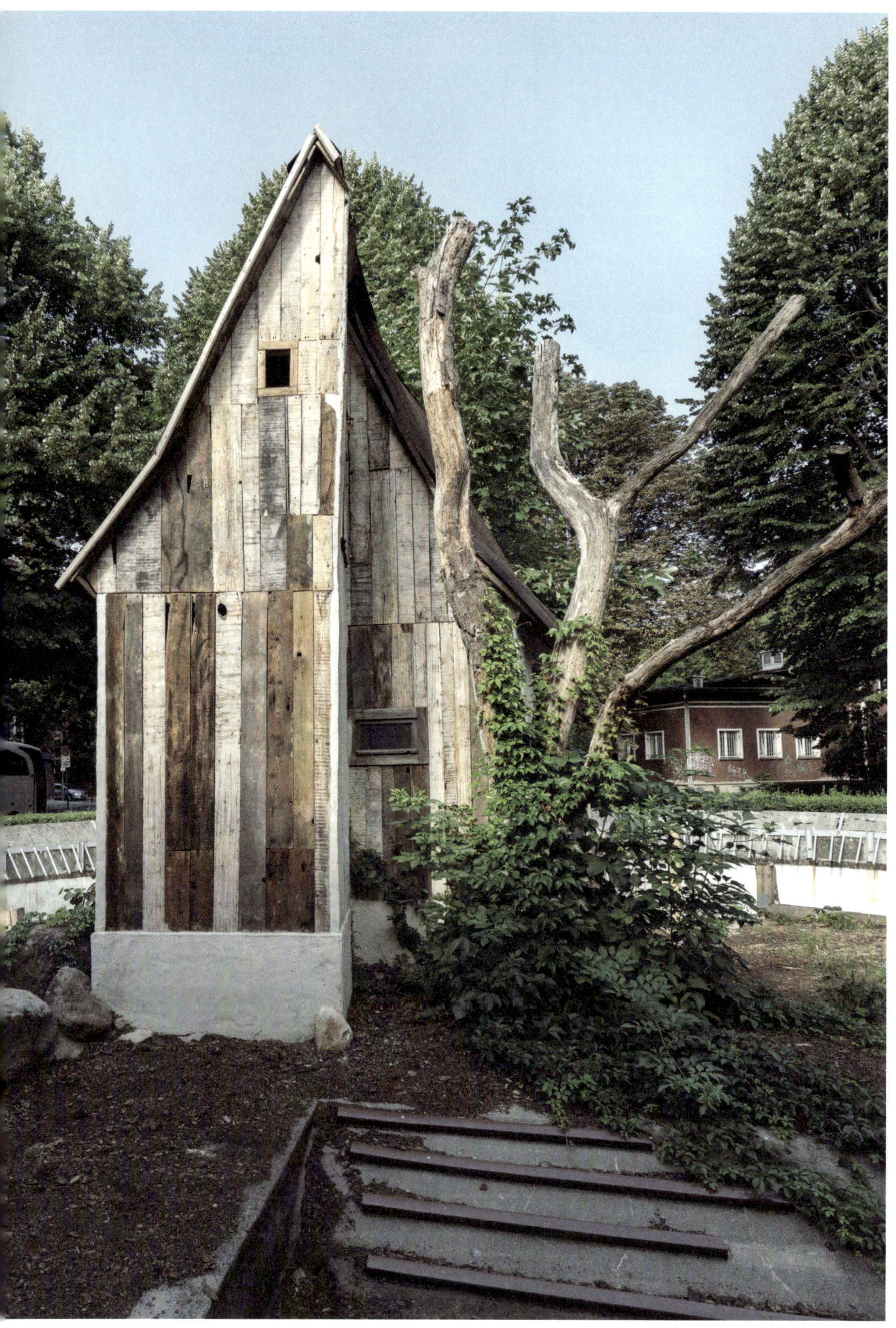

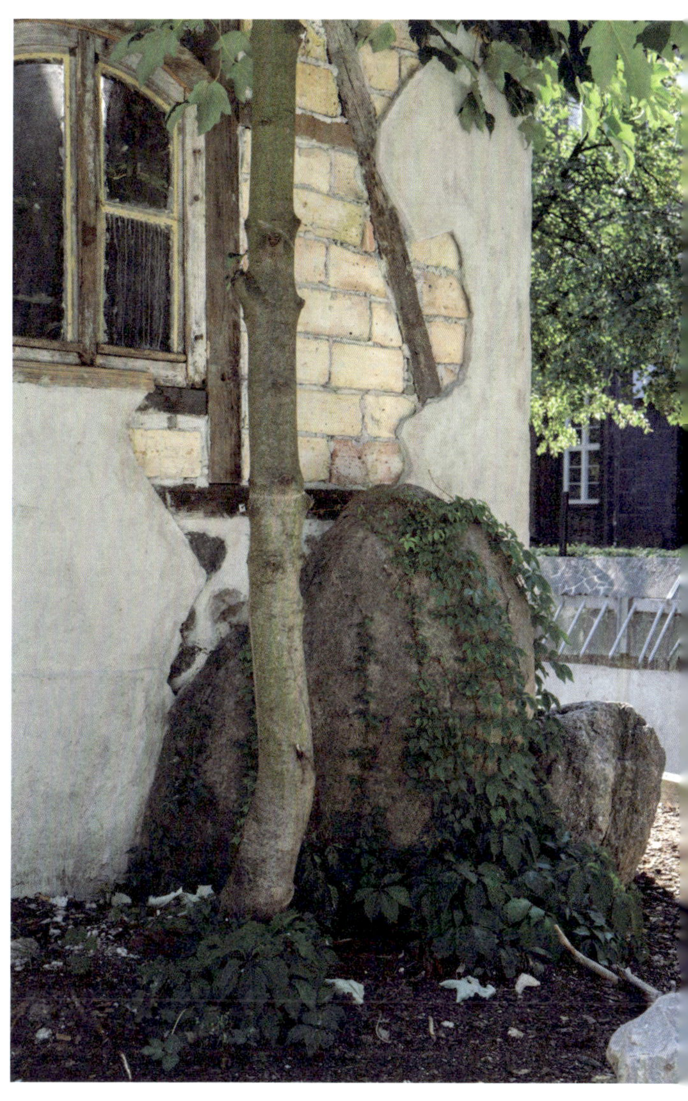

ein Haus auf Steinen auf einer Insel
Marten Schech
2018

Grid
Katharina Bévand
2018

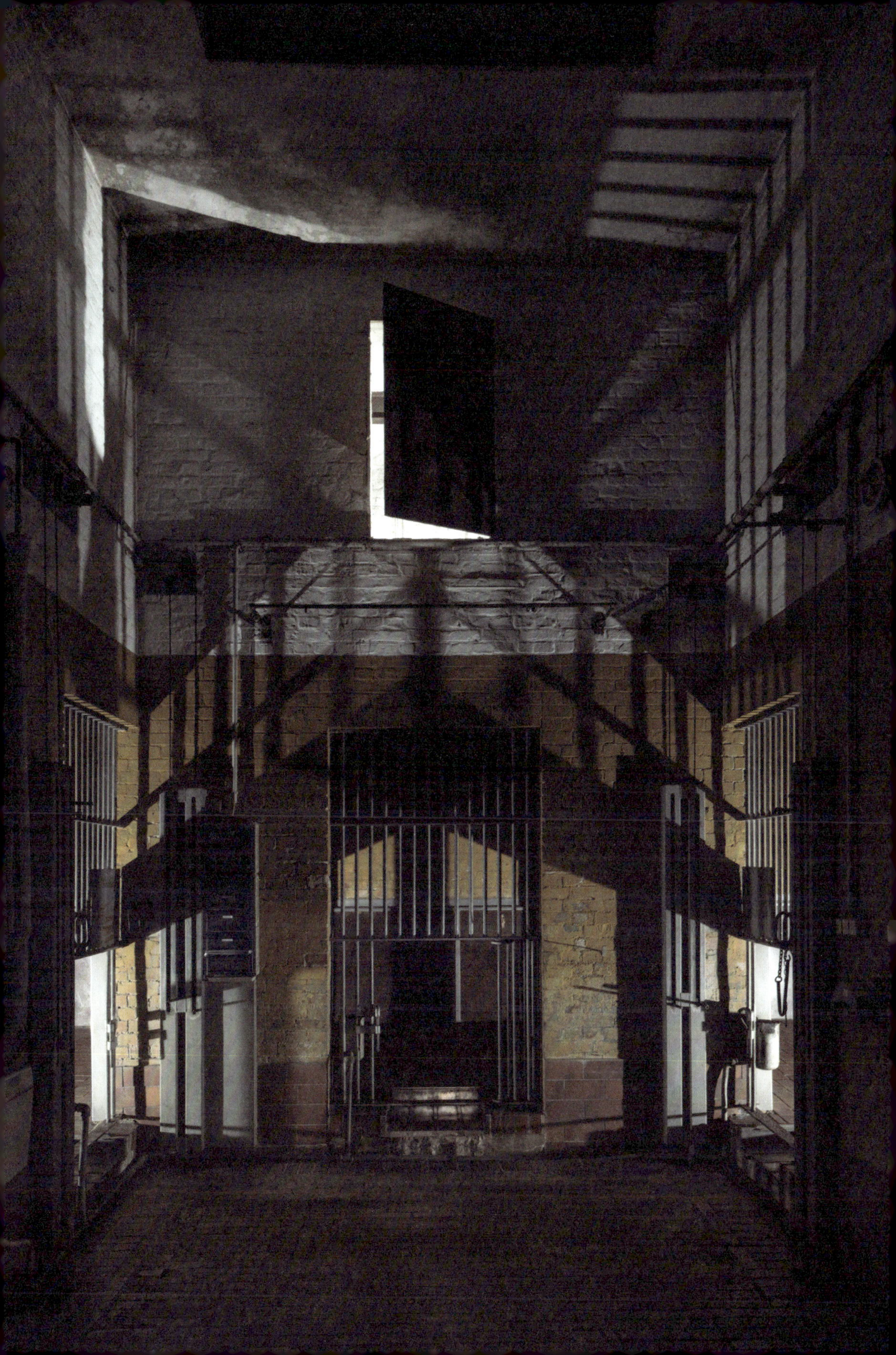

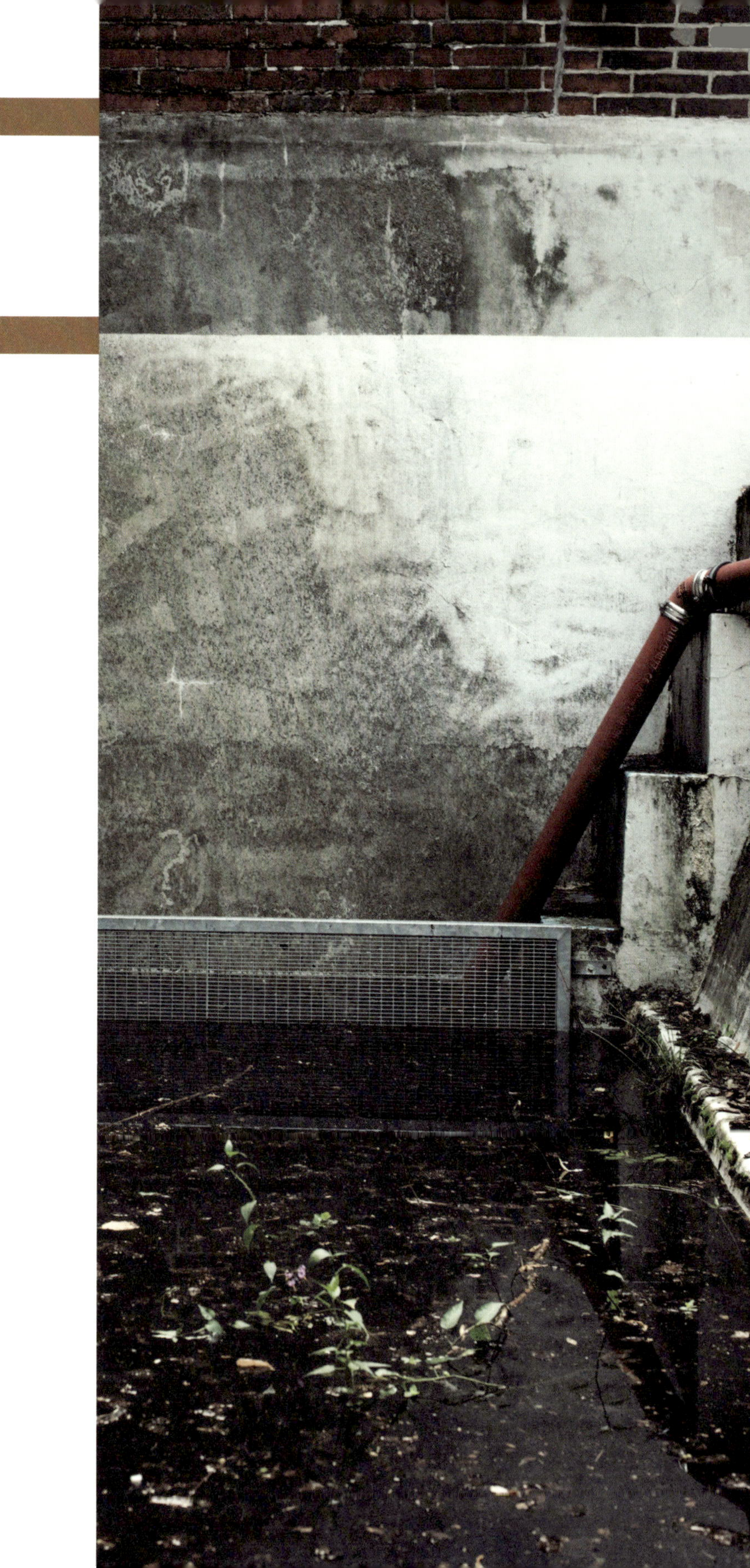

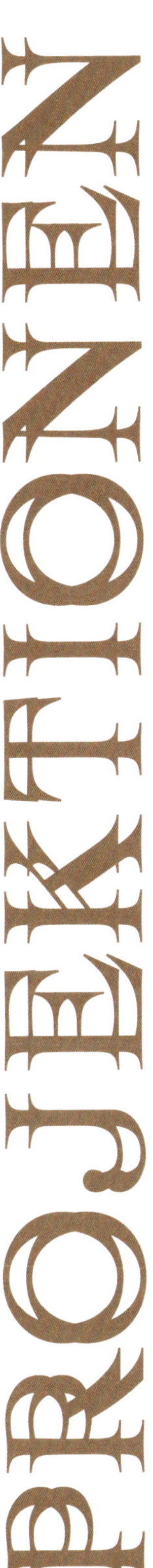

Projektionen der Ununterscheidbarkeit

Projections of Indistinguishability

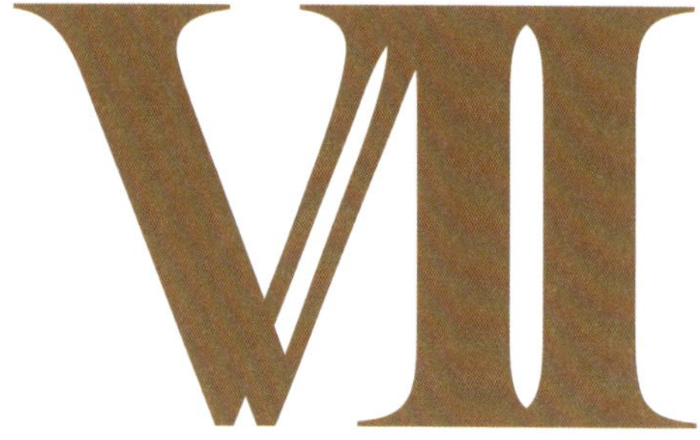

AKTIVE

Im Zentrum der Ausstellung ›Aktive Asche‹ von Mariechen Danz und Johannes Paul Raether featuring KAYA stehen ineinander verschachtelte Transformationsprozesse, die bereits bestehende Konzepte und Materialien aus den Praxen der Künstler*innen weitertreiben und verwandeln, zersetzen und verglühen. Ausgangspunkt der Arbeiten sind jeweils Verkörperung und deren Sprache, rituelle Handlungen sowie eine temporäre Schaffung von Gemeinschaft, die an den Umwandlungen mitwirkt. Im Bärenzwinger schließen sich individuelle Kosmologien und formwandlerische Qualitäten zusammen.

In Mariechen Danz' Praxis fungiert der Körper als Untersuchungsort von Kommunikation und Wissenstransfer. Im Außenbereich ist Danz' Tonfigur ›Womb Tomb‹ aufgebahrt. Rindenmulch aus dem Boden des Geheges enthaltend, birgt sie letzte DNA-Spuren der Bären. Der Körper absorbiert während der Ausstellung in mehreren Stadien der Veränderung Informationen aus der Umgebung. Während der ›Verschachtelten Interaktionen‹ interagieren Besucher*innen gemeinsam mit der Künstlerin mit der Skulptur und tragen zu ihrem Wandlungsprozess bei, indem sie ihre Sorgen auf Papierrollen, die sogenannten ›worry scrolls‹, schreiben und diese in den feuchten Ton injizieren. In einem Trocknungs- und Brennprozess verglühen ›worry scrolls‹ und Mulch, an

The exhibition "Aktive Asche" by Mariechen Danz and Johannes Paul Raether feat. KAYA focuses on intricate transformational processes through which the concepts and materials integral to the artists' practices undergo further intensification, metamorphosis, corrosion, and incineration. The point of departure is embodiment and its language, as well as ritual acts and the creation of temporary community. At Bärenzwinger, individual cosmologies and form-changing qualities join forces to enter a collectively shared process.

In Mariechen Danz's practice, the body serves as a place for examining knowledge-transfer and communication. In the outdoor compound, the clay figure "Womb Tomb" has been laid out. Containing bark mulch from the ground of the enclosure, it carries the last DNA traces of the bears. During the course of the exhibition the body absorbs information from the environment. In the "Intricate Interactions" visitors interact with the sculpture and contribute to its process of transformation by writing their worries on paper "worry scrolls" and inserting them into the damp clay. A drying and firing process then takes place, incinerating "worry scrolls" and mulch inside the figure and leaving behind a coral-like fossilisation. A cover with digital prints by Danz, KAYA, and Raether is stretched over the figure.

MARIECHEN DANZ
JOHANNES PAUL RAETHER
FEATURING KAYA

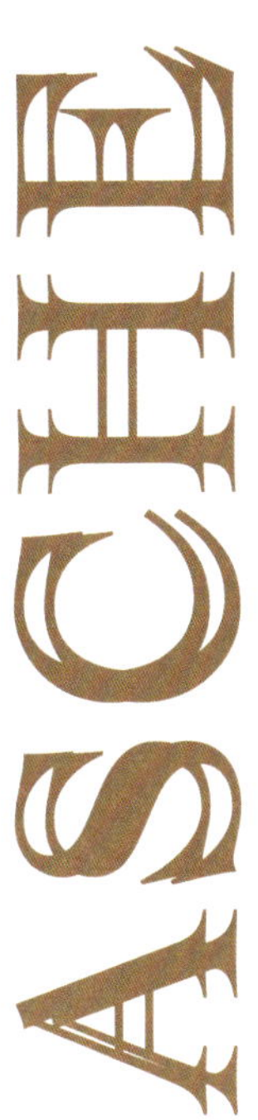

ihrer Stelle entsteht eine korallenartige Fossilisation. Über die Figur spannt sich eine Abdeckung mit digitalen Drucken von Danz, KAYA und Raether.

In einer erneuten Erscheinung von Transformalor ›Bear Cave Cage [transformella malor 4.4.6.9]‹, die Johannes Paul Raethers Figuration als Selbst-Schwester Transformellae seit 2010 verfolgt, sind seine / ihre ›Wächterinnen [Female Guards]‹ als Rekombinationen zu Werkzeugen eines ›Forkings‹ [Gabelung] der Lebenslinie geworden. ›Scherbesen‹, ›Stangenascher‹ und ›Kreuzklatscher‹ verteilen sich um und vor den Bärenkäfigen. Im Inneren gewährt das plurale Wesen dem Publikum Zugang zu seinem komplexen Datenkörper, um über den globalen industriellen Markt menschlicher Reproduktion, ›ReproReality‹, und die kommende ›Reprovolution‹ zu lehren. In einer weiteren Appearance von Transformalor ›ZewaArena Ash Diamond Halbzeug [4.4.6.10]‹ kollabiert er/sie Strategien der industriellen Herstellung von Leben und Wertwerdung erstmals in ihr Gegenteil und beginnt sich zu gabeln. Das ›Forking‹ organisiert sich als Moment der Einäscherung seiner ›Re-Rohmaterialien‹ – über Jahre gesammelte Reste und Ruinen der jeweiligen ›Zewa Arena‹, den Papierhöhlen für die pluralen Wesen. Die entstehenden Aschen werden im besten Sinne aktiv, indem sie wiederum als ›Re-Re-Rohmaterial‹ – in fast elementarer Form als Kohlenstoff –

In a new appearance by Transformalor "Bear Cave Cage [transformella malor 4.4.6.9]", who has emerged from Johannes Paul Raether's figuration as SelfSister Transformellae evolving since 2010, his / her recombined Wächterinnen [Female Guards] have become tools of the lifeline's "forking". "Scherbesen", "Stangenascher", and "Kreuzklatscher" reposition themselves in front and around the bear cages. Inside, the plural being grants the audience access to his/ her complex Data Body and teaches about "ReproReality", or the global market of human reproduction, and the coming "Reprovolution". In a second performance appearance by Transformalor "ZewaArena Ash Diamond Halbzeug [4.4.6.10]" they collapse strategies for the industrial production of life and the creation of value into their opposite and begin to fork. The forking is organised as a moment of cremation of their "re-raw materials" – remains and ruins, collected over years, of the respective "Zewa Arena", paper caves for the plural beings. The resulting ashes become active in the best sense, as a "re-re-raw material" – in almost elementary form as carbon – pressed into a new embodiment, a decomposing or entropic identity, and crystallised. They become a semi-finished product [Halbzeug] of a rough diamond, pressed out of ashes.

Workshop für Kinder
mit Mariechen Danz

Johannes Paul Raether
›Transformalor [Transformella malor] Bear Cave Cage
Negentropy [4.4.6.9]‹

in eine neue Verkörperung, eine zersetzende oder entropische Identität gepresst und kristallisiert werden. Sie werden zum Halbzeug eines aus den Aschen zu pressenden Rohdiamanten.

KAYA agiert zugleich als fiktionaler und konkreter Körper, der durch materielle Prozesse formale, malerische und metabolische Vorgänge in seine Identitätsproduktion miteinbezieht. KAYAs ›OraKcle Paintings‹ [›Catacomb Mirrors‹] tragen die Soundarbeit von Nicolas An Xedro und die Wünsche der Teilnehmenden eines im TROPEZ Sommerbad Humboldthain entstandenen Workshops. Als [Wunsch-] Bilder schaffen sie im Innenbereich des Bärenzwingers einen Tonraum und behaupten sich als Soundpaintings in einem fiktiven und metaphorischen Heilungsprozess, der in der Performance ›– KAYA_YO-NAH YO-HO [Healing performance for a sick painting]‹ kulminiert. Diese in den drei Bärenkäfigen in drei Stadien stattfindende Aktion, stellt KAYAs Praxis von ›painting in the extended body‹ in seiner extremsten Version dar. In einer Art Not-OP behandelt darin der Bär [Kerstin Brätsch] als Schutztier und Schamane das ›sick painting‹, personifiziert durch den Körper des Künstlers [Debo Eilers], mittels überdimensionaler ›painting tools‹ und filigranen Tätowierungs-Utensilien und mit Hilfe einer ›nurse‹ / ›witch‹ [Kirsten Kilponen]. Der Klang der ›OraKlepaintings‹ mischt sich mit den

KAYA, acting as a fictional and concrete body, conjoin formal, painterly, and metabolic procedures in their productions of identity. Within the bear pit, their "OraKle Paintings" [Catacomb Mirrors] carry the wishes of the participants from a workshop that took place at TROPEZ Sommerbad Humboldthain and amplify the sound piece by Nicolas An Xedro. As wish- and sound-paintings, they create a sound space and claim their position within a fictitious healing process that culminates in the performance "– KAYA_YONAH YO-HO [healing performance for a sick painting]". This action takes place in the three bear cages in three stages and represents KAYA's practice of "painting in the extended body" in its most extreme form. In a kind of emergency surgery, the bear as spirit animal and shaman [Kerstin Brätsch] treats the "sick painting", personified by the artist body [Debo Eilers], with oversized "painting tools" and filigree tattooing utensils and the help of a nurse / witch [Kirsten Kilponen]. The sound of the paintings mingles with Eilers' "healing chants", while his bare torso is painted by the bear with graffiti-like protective symbols and given a stick-and-poke tattoo in the final act. Heavy sweating, immobility, blindness, and acting in a bear costume contrasts with freezing, exposure, and surrender – in

Verschachtelte Interaktionen /
Intricate Interactions
Mariechen Danz
›Womb Tomb – Coral Concern‹
Johannes Paul Raether
›ZewaArena Ash Diamond
Halbzeug [4.4.6.10]‹
KAYA mit Nicolas An Xedro
und Kirsten Kilponen
›– KAYA_YO-NAH YO-HO
[Healing performance for
a sick painting]‹

this four-hour ritual, a libidinal, biomorphic exchange of energy takes place between the bodies. The result is a hallucinogenic image in which pictorial dynamics collide with sculptural ones.

›Healing Chants‹ Eilers, während dessen bloßer Oberkörper vom Bären mit Grafitti-artigen Schutzsymbolen bemalt wird und im finalen Akt ein ›stick and poke-Tattoo‹ erhält. Starkes Schwitzen, Unbeweglichkeit, Blindheit und Handeln im Bärenkostüm kontrastiert mit Frieren, Ausgeliefertsein und Sich-Hingeben – während des vierstündigen Rituals findet ein libidinöser, biomorpher Energieaustausch zwischen den Körpern statt. Ein halluzinogenes Bild entsteht, in welchem bildliche Dynamiken mit skulpturalen kollidieren.

Kuratiert von
Nadia Pilchowski

Mariechen Danz'
Kunst nimmt Kommunikation und Wissenstransfer zum Ausgangspunkt und stellt den Körper in den Mittelpunkt ihrer Praxis. In Skulpturen, Zeichnungen, Kostümen und Installationen hinterfragt sie die Ausdrucksfähigkeit und -unfähigkeit von Sprache, die Lesbarkeit und Hierarchie von Zeichen und das Primat westlicher Vernunftvorstellungen.

Johannes Paul Raether
Im Zentrum von Johannes Paul Raethers Arbeit stehen Identitätskonstruktionen wie seine ›Avataras‹, ›AlterIdentites‹ oder ›SelfSisters‹. An unterschiedlichen öffentlichen Orten in Erscheinung tretend, tragen die schillernden Figurationen, deren Ikonografie sich aus Alltagsgegenständen zusammensetzt, komplexe Themen, von der Bio- und Reproduktionsindustrie über den globalisierten Tourismus bis hin zu okkulten Substanzen in zeitgenössischer Technologie, vor.

KAYA
ist ein kollaboratives Projekt, das die unabhängigen Praktiken der Malerin Kerstin Brätsch und des Bildhauers Debo Eilers vereint. Der Name bezieht sich auf Kaya Serene, eine junge Texanerin, die den Künstler*innen als Ausgangs- und Bezugspunkt dient.

Mariechen Danz's
work takes communication and the transmission of knowledge as its starting point, placing the body at the centre of her practice. In sculptures, drawings, costumes, and installations, she calls into question the expressive capabilities and inadequacies of language, the legibility and hierarchy of signs, and the primacy of Western conceptions of reason.

Johannes Paul Raether
places at the centre of his work identity constructions such as "Avataras", "AlterIdentites", or "SelfSisters". By emerging at different public spaces, these colourful figures with iconographies appropriated from everyday objects advance complex topics concerning, for example, bio and reproduction industries, globalised tourism, or occult substances in contemporary technology.

KAYA
is a collaborative project, combining the independent practices of painter Kerstin Brätsch and sculptor Debo Eilers. The project refers to Kaya Serene, a young Texan who serves the artists as a point of departure and focus.

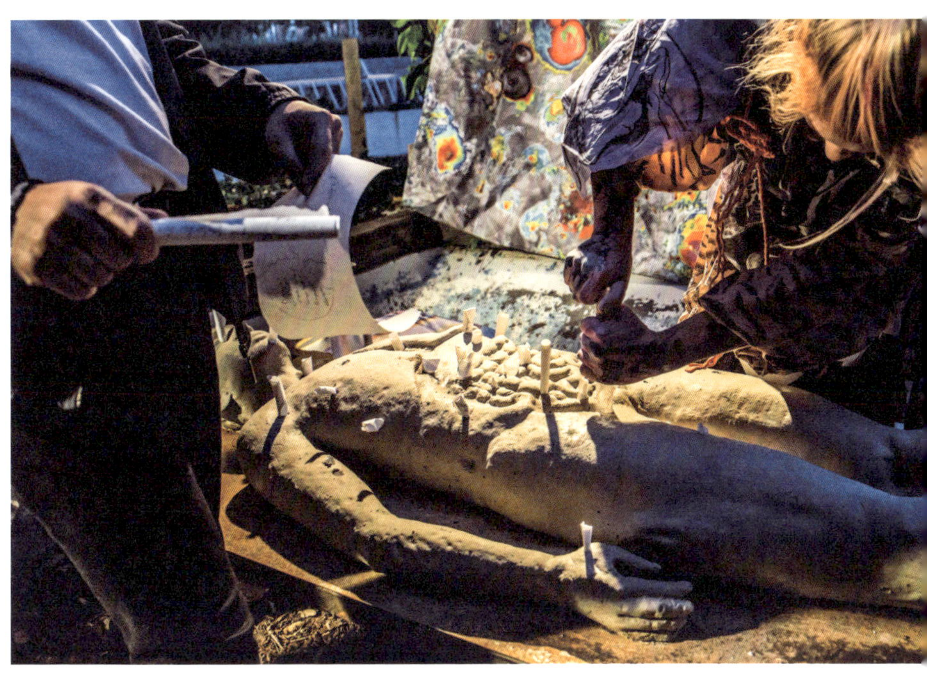

Mariechen Danz
Womb Tomb – Coral Concern
2018

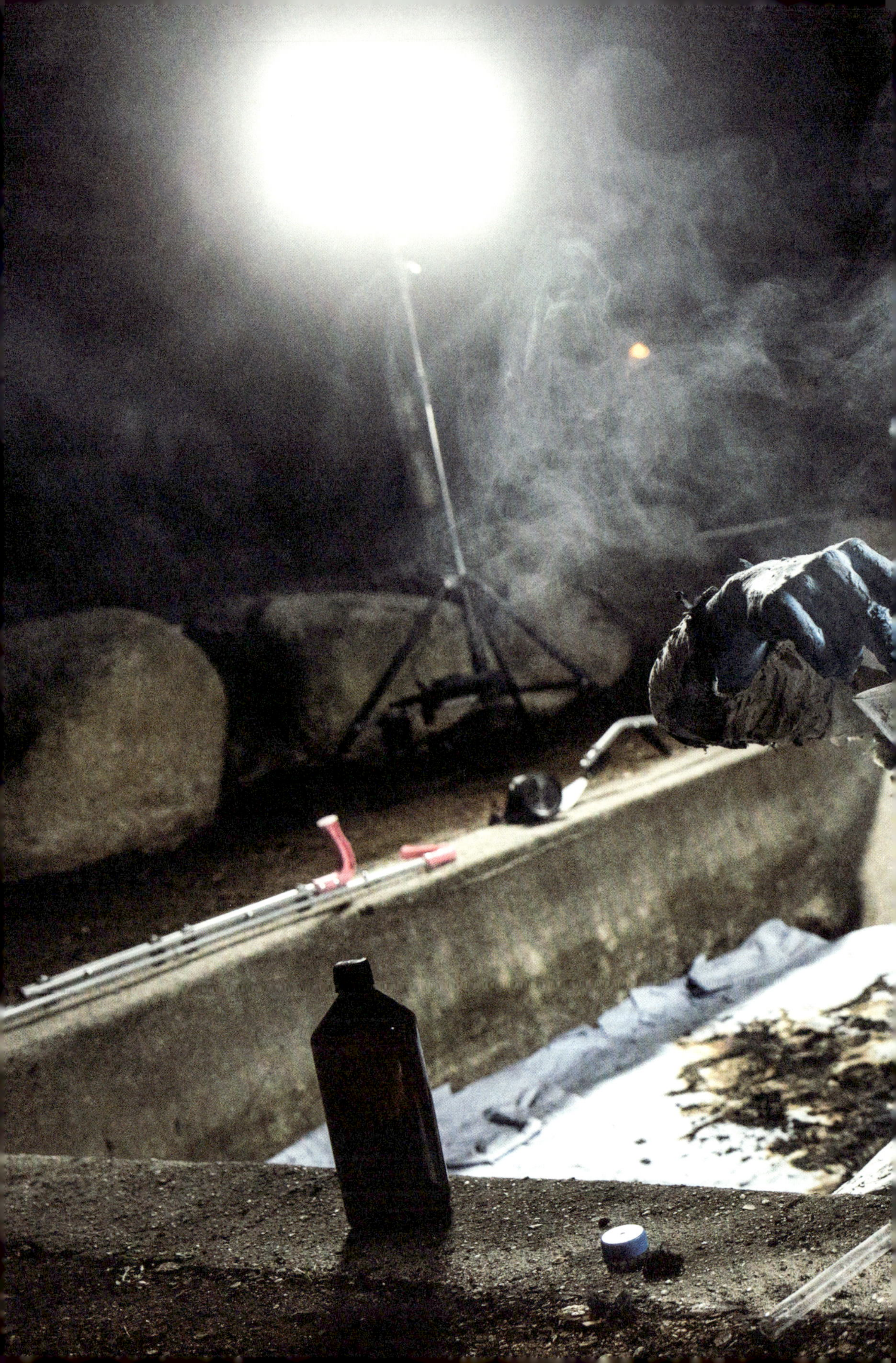

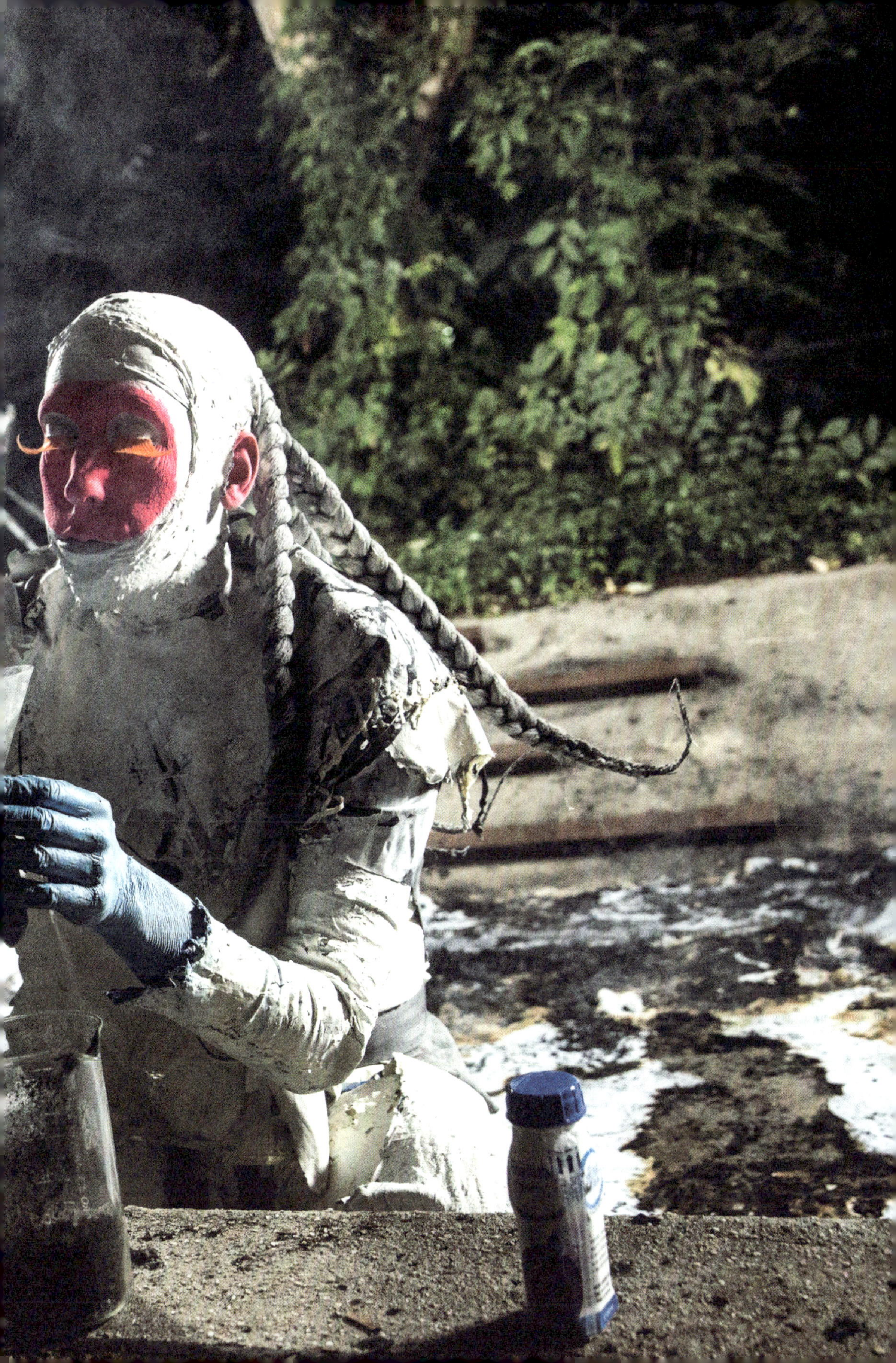

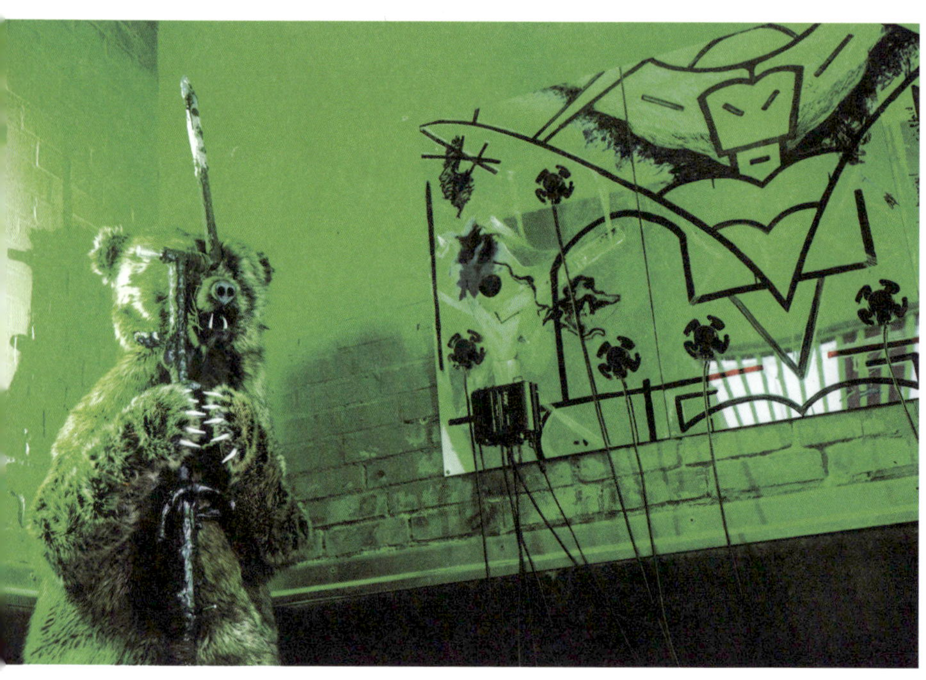

←
ZewaArena Ash Diamond Halbzeug
[4.4.6.10]
Johannes Paul Raether
2018

OraKcle Paintings [Catacomb Mirrors] /
– KAYA_YO-NAH YO-HO
[Healing performance for a sick painting]
KAYA mit Nicolas An Xedro und
Kirsten Kilponen
2018

Rekombinationswagen –
Bärenwerkzeugträgerinnen /
Zewa Arena Re-Rohmaterial
Johannes Paul Raether
2018

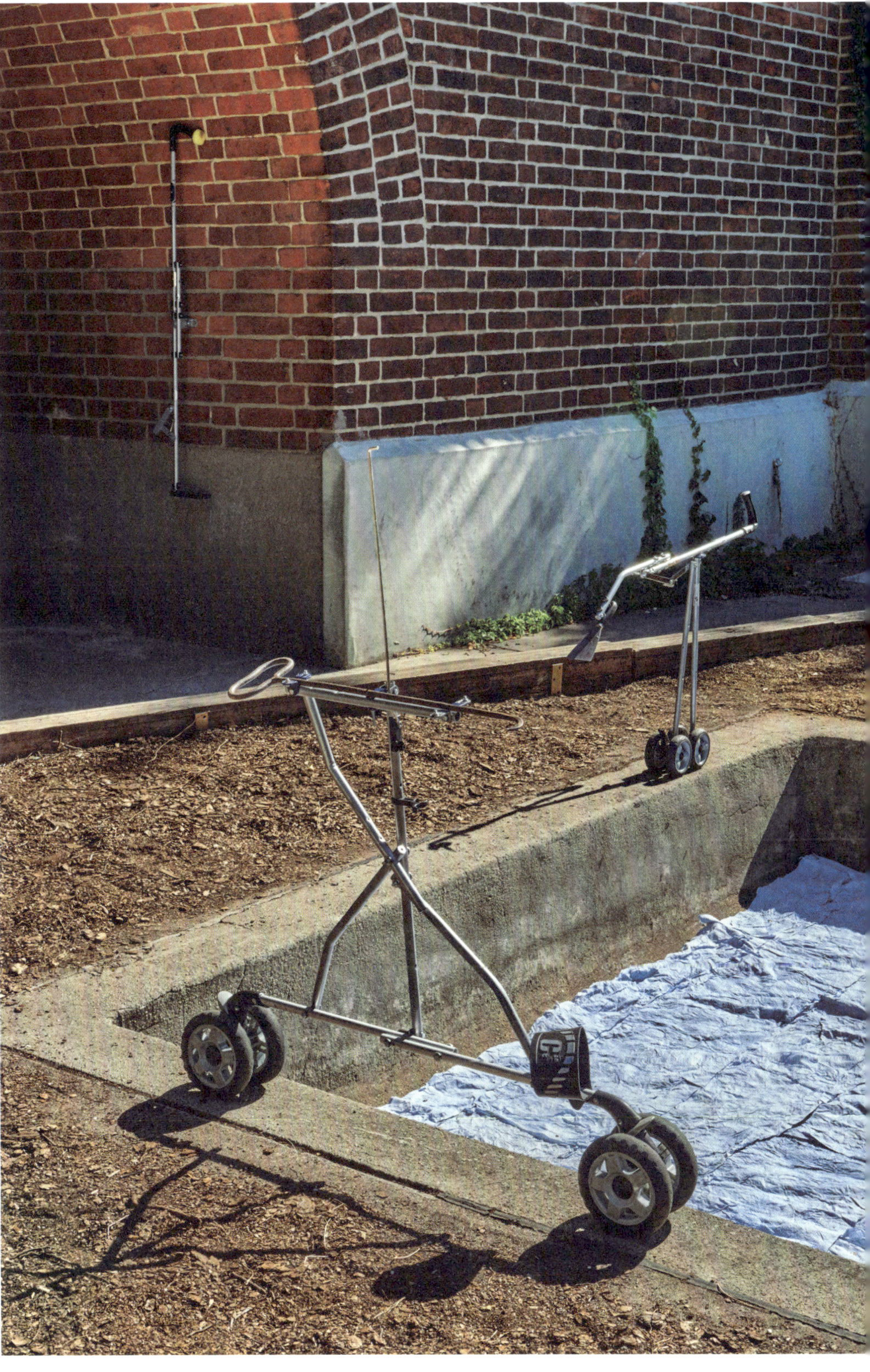

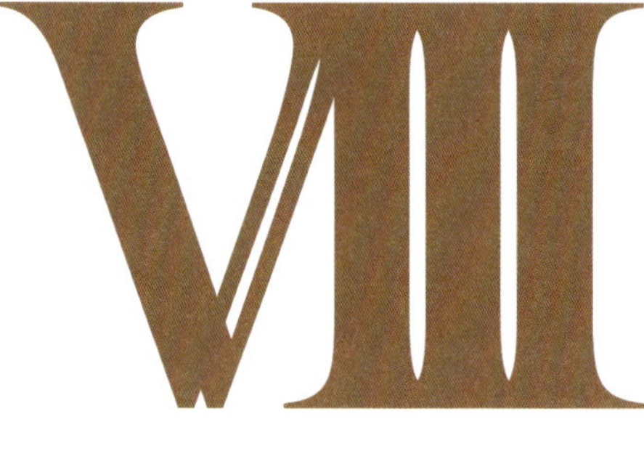

MEETING WITH THE

NATALIE CZECH
MIRJAM THOMANN

Zum
Abschluss des Ausstellungsprogramms folgt die Ausstellung ›meeting with the other as such, but still‹ möglichen Fluchtlinien. Ein Paradox, so scheint es, trennt doch eine Vielzahl von Grenzvorrichtungen den Ausstellungsort von der Außenwelt sowie die einzelnen Bereiche innerhalb des Bärenzwingers voneinander. Die Künstlerinnen Natalie Czech und Mirjam Thomann hingegen suchen nach den verborgenen Räumen im Raum. Die Art von Räumen, die sich erst in der Begegnung als Differenzerfahrung mit dem jeweils anderen* aufspannen.

Mirjam Thomann erforscht in ihren Arbeiten die oft unsichtbaren Zusammenhänge von Raum, Körpern und Subjekt. Ausgehend von der Öffnung des Bärenzwingers für die Öffentlichkeit reflektiert Thomann in ihrer neu entstandenen, skulpturalen Serie ›Little Life‹ die versteckten Bedingungen für ›accessibility‹. Thomanns Interventionen sind prothesenhafte Erweiterungen des Raumes und seiner Narrative, sie sensibilisieren die Besucher*innen dabei stets für die unmittelbar körperliche Dimension subjektiver Raumerfahrungen.

Die mit dem Ausstellungsraum verwobenen skulpturalen Elemente sind ihrer angedachten Funktion nach Teile eines ›Barrierefreien Ergosystems‹. Ihre ›de[n] Nutzer[*innen] leicht zugeneigte

Marking
the end of the programme, the exhibition “meeting with the other as such, but still” follows possible lines of flight. A paradox, it seems, when we consider that a multitude of border mechanisms separate the exhibition site from the outside world, and the Bärenzwinger’s individual areas from each other. The artists Natalie Czech and Mirjam Thomann alternatively search for the hidden spaces within a space. The kind that only unfold in the encounter with the other as an experience of difference.

In her works, Mirjam Thomann explores the often invisible connections between space, bodies, and the subject. Considering the Bärenzwinger’s recent opening to the public, Thomann reflects on the hidden conditions for “accessibility” in her newly created sculptural series “Little Life”. Thomann’s interventions are prosthetic extensions of the space and its narratives, always referring visitors back to the immediate physical dimension of their subjective spatial experiences.

The sculptural elements interwoven with the exhibition space are, according to their intended function, elements of a “barrier-free ergosystem”. Their “slightly inclined position” offers the promise of barrier-free orientation

OTHER AS SUCH, BUT STILL

Position‹ steht für das Versprechen auf eine barrierefreie Orientierung und Bewegung im Raum.

Thomanns räumliche Eingriffe verweisen auf die Fragilität, die sich in der Begegnung mit der eigenen Raumwahrnehmung und -produktion, der Erfahrung des eigenen Körpers als eben nicht nur orientierenden, sondern immer schon orientierten offenbart. Das [Un-] Vermögen, Räume zu betreten, sich in diesen zurechtzufinden und zu verhalten, ist ungleich verteilt – an kaum einem Ort wird das so klar wie in einem Tiergehege.

Mit ›Little Life‹, den im Innen- und Außenraum des Bärenzwingers verteilten klinischen Objekten, die Thomann zum Teil mit Griffabdrücken aus Keramik erweitert hat, kommt der Raum den Besucher*innen entgegen, und schafft in einer paradoxen Bewegung damit erst die Möglichkeit, sich zu verpassen. So eröffnet Thomann taktile Zwischenräume, in denen Orientierungslosigkeit und Verletzbarkeit als die unsichtbaren Voraussetzungen für die funktionierende Orientierung und Bewegung in Räumen erfahren werden können.

and movement in space. Thomann's spatial interventions refer to the fragility that reveals itself in the encounter with one's own spatial perception and production, the experience of one's own body as not only orienting, but always already oriented. The [in]ability to enter spaces, to find one's way and to behave within them is unequally distributed – and almost nowhere else is this as clear as in an animal enclosure.

With "Little Life", the clinical objects distributed throughout the interior and exterior of the bear enclosure [partly extended with ceramic grip imprints] allow the space to extend towards the visitors and thus allow them – paradoxically – to miss it. Thomann opens up tactile spaces in which disorientation and vulnerability can be experienced as the invisible prerequisites for working orientation and movement in spaces.

In her series "Negative Calligrammes", the artist Natalie Czech addresses the relationship between image and writing. The photos show emails from authors Julien Bismuth, Robert Fitterman, John Holten, Lucy Ives, Shiv Kotecha, and Quinn Latimer, who wrote their texts around blank spaces fixed by Czech beforehand. Text and image appear because of each other, yet stand for themselves. Through this encounter, Czech's images open up

Workshop
mit Natalie Czech,
Mirjam Thomann,
Annika Haas
und Christian Liclair

In der Serie ›Negative Calligrammes‹ von Natalie Czech widmet sich die Künstlerin dem Verhältnis von Bild und Schrift. Die Fotografien zeigen E-Mails von den Autor*innen Julien Bismuth, Robert Fitterman, John Holten, Lucy Ives, Shiv Kotecha und Quinn Latimer, die ihre Texte in und um eine von Czech gesetzte Schablone aus Leerstellen entworfen haben. Text und Bild erscheinen aufgrund des jeweils anderen* und stehen doch für sich. In dieser Begegnung erschließen Czechs Bilder den Besucher*innen einen poetischen Raum, in dem Fragen nach der Bedeutung von schriftlichen versus figurativen Zeichen in ein und derselben ästhetischen Erfahrung ineinanderfließen.

In den Käfigen des Bärenzwingers führt dieses Verhältnis von Bild und Schrift zu immer neuen Assoziationen, wirken die Motive doch wie gefangen im Text. Dass Sprache nicht nur Wirklichkeit erzeugt, sondern auch festsetzt, wird nicht nur auf der symbolischen Bedeutungsebene, sondern unmittelbar materiell und bildimmanent anchaulich. Sprache iteriert, wiederholt und bleibt genau deswegen immer gleich und nicht gleich. Czech greift diese ambivalente Kraft der Wiederholung in ihrer Praxis regelmäßig auf. Ähnlich einem Palimpsest hat Czech ›Negative Calligrammes‹ als Abfolge angelegt, indem sie die Emails sukzessiv übereinandergelegt und abfotografiert hat. Das gerahmte, einzelne Bild lädt

a poetic space for the visitors, in which questions about the meaning of written versus figurative signs merge into one and the same aesthetic experience.

Within the Bärenzwinger's cage complex, this relationship between image and writing leads to ever new associations; the motifs appear as if trapped in the text. The fact that language not only constructs reality, but also fixes it, becomes evident – not only on the symbolic level of meaning, but immanently material. Language iterates, repeats, and therefore always remains the same and not the same, and Czech regularly engages with this ambivalent power of repetition in her practice. Not unlike a palimpsest, Czech arranges "Negative Calligrammes" as a sequence through a process of successively superimposing and then photographing the emails. The framed, single image invites us to search for the meanings not only between the lines, but also between the first, second, and third glances. Essential for Czech's artistic practice is that it comes into its own through collaboration.

The series thus opens up a space of encounter, in terms of both form and content – a gap that invites the viewers to encounter the other, as such, but still.

Kuratiert von
Nandita Vasanta und
Christopher Weickenmeier

nicht nur ein, nach den Bedeutungen zwischen den Zeilen zu suchen, sondern auch zwischen dem ersten, zweiten und dritten Blick. Wesentlich für Czechs künstlerische Praxis ist, dass sie sich erst in der Zusammenarbeit mit anderen* vervollständigt.

Die Serie eröffnet so einen Raum der Kollaboration, sowohl visuell als auch inhaltlich – eine Leerstelle, die zugleich Einladung ist an die Betrachter*innen zur Begegnung mit dem anderen*, as such, but still.

Natalie Czechs
Einzelausstellungen waren unter anderem im Heidelberger Kunstverein, Palais de Tokyo, Paris, Kunstverein Hamburg, Kunstverein Braunschweig, Ludlow 38, New York, Kunstverein für die Rheinlande und Westfalen, Düsseldorf, Kadel Willborn, Düsseldorf und Captain Petzel, Berlin zu sehen.

Mirjam Thomanns
Arbeiten wurden unter anderem in der Galerie Nagel Draxler, Berlin und Köln, bei Casco in Utrecht, im Kunstverein Hamburg, dem Museum of Contemporary Art, Taipei und im MAK Center for Art and Architecture in Los Angeles gezeigt.

Natalie Czech
has presented solo exhibitions at Heidelberger Kunstverein, Palais de Tokyo, Paris; Kunstverein Hamburg; Kunstverein Braunschweig; Ludlow 38, New York; Kunstverein für die Rheinlande und Westfalen, Düsseldorf; Kadel Willborn, Düsseldorf; and Captain Petzel, Berlin; among others.

Mirjam Thomann's
work has been shown at Draxler in Berlin and Cologne, Casco in Utrecht, Kunstverein Hamburg, the Museum of Contemporary Art, Taipei, and at MAK Center for Art and Architecture in Los Angeles, among others.

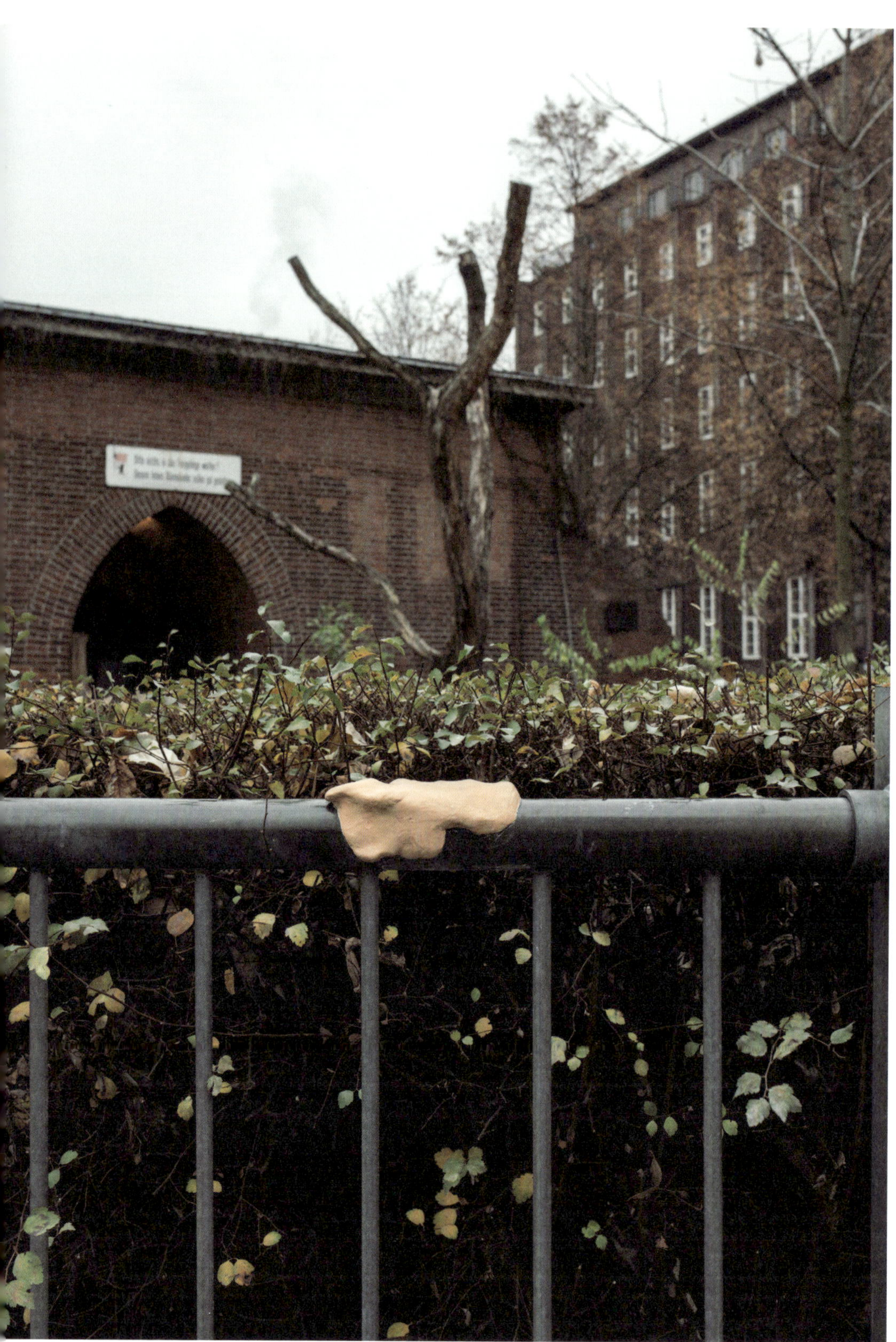

Little Life
Mirjam Thomann
2018

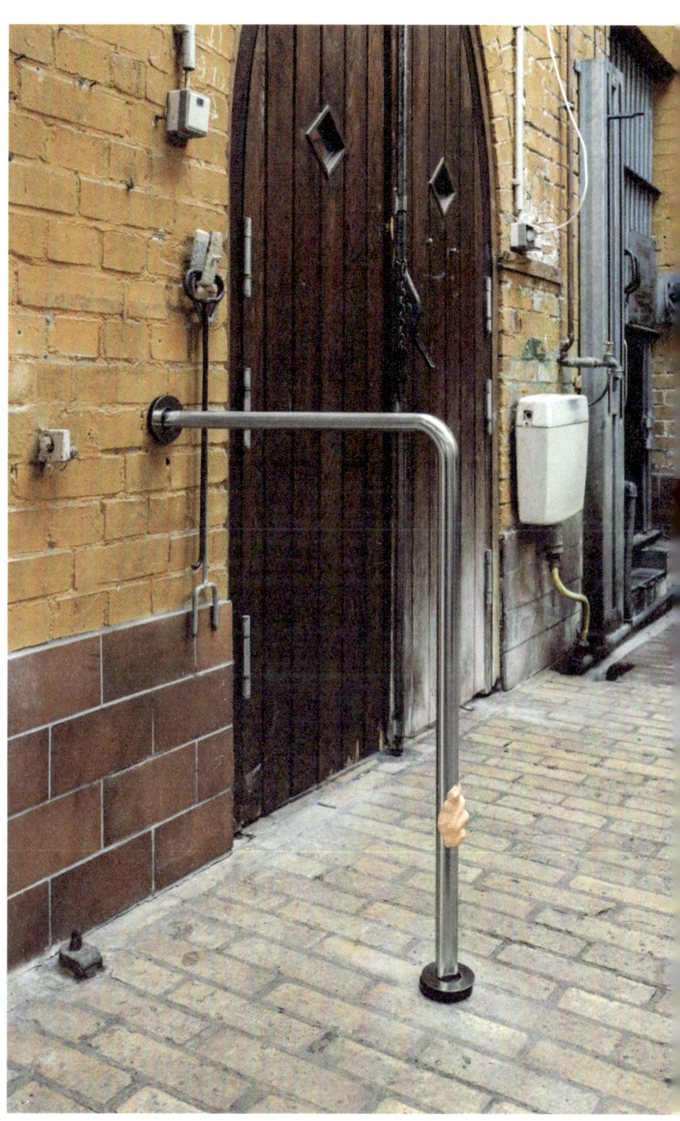

Negative Calligrammes
Natalie Czech
2018

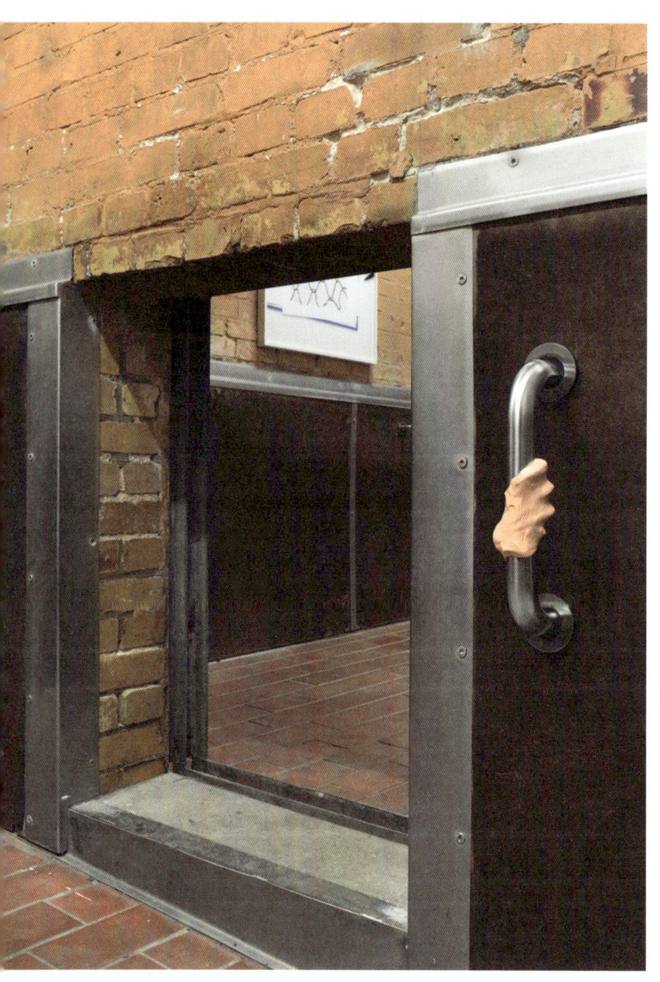

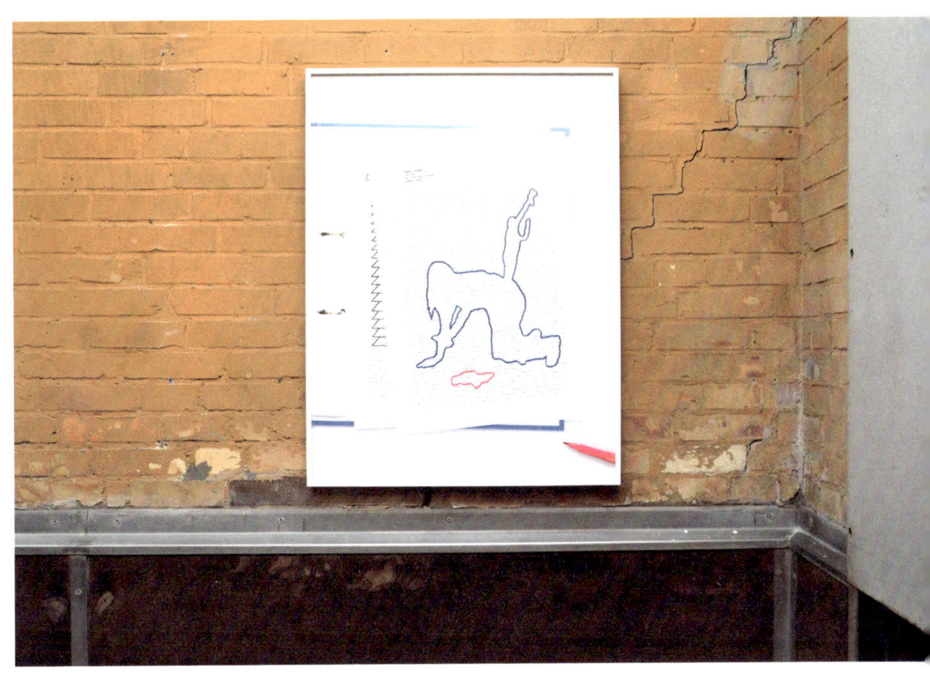

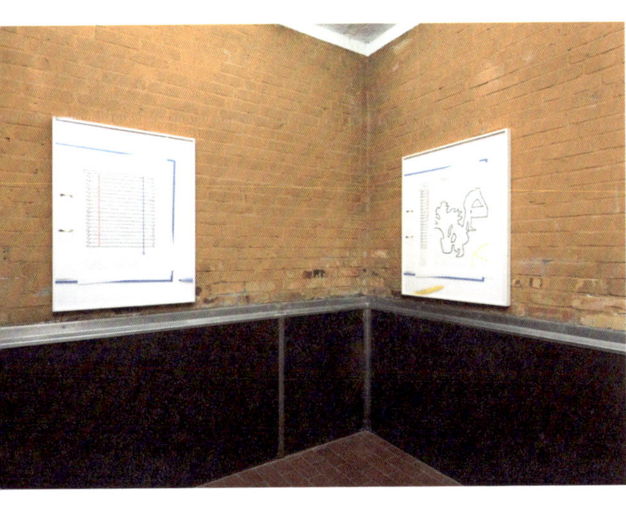

Zum Berliner Bärenzwinger

Am
26. und 27. Oktober 2018 veranstaltete das künstlerische Leitungsteam des Berliner Bärenzwingers ein Symposium, bei dem künstlerische, wissenschaftliche und stadtpolitische Positionen zusammenkamen, um die vergangene, gegenwärtige und zukünftige Nutzung, Funktion und Bedeutung dieses Orts gemeinsam zu diskutieren.

Seit der Öffnung des Baudenkmals als öffentlicher Kulturstandort im September 2017 hat sich der Bärenzwinger innerhalb kürzester Zeit als Ausstellungsort für zeitgenössische Kunst in der Berliner Kulturlandschaft etabliert. Im zweitägigen Symposium wurde den ortsspezifischen Gegebenheiten des ehemaligen Bärengeheges nachgegangen und ein Diskurs angeregt, der die [Un]Möglichkeiten künstlerisch-kultureller Nutzung im [öffentlichen] Stadtraum unter verschiedenen Perspektiven weiterdenkt.

Am ersten Tag setzten sich Vertreter*innen aus Wissenschaft und Kunst mit dem bisherigen Ausstellungsprogramm und seinen thematischen Schwerpunkten auseinander. Während das erste Panel die Absenz und Präsenz der ehemaligen Bewohner*innen im Bärenzwinger und damit einhergehend

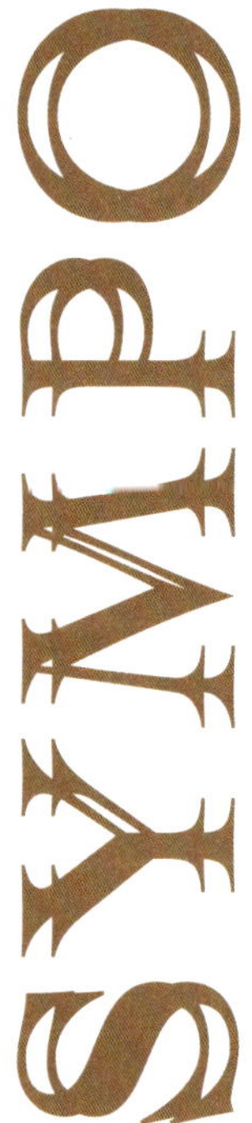

About the Berlin Bärenzwinger

On
26 and 27 October 2018, the artistic directors of the Berlin Bärenzwinger organised a symposium bringing together artistic, scientific, and urban political positions to discuss the past, present, and future utilisation, function, and significance of this location.

Since the opening of the historically significant building as a public cultural site in September 2017, the Bärenzwinger [bear enclosure] has quickly established itself as an exhibition space for contemporary art in Berlin's cultural landscape. During the two-day symposium the site-specific conditions of the former bear enclosure were explored, opening a discourse where the [im]possibilities of artistic-cultural use in [public] urban space from a variety of perspectives could be rethought.

On the first day, representatives from the fields of science and art reflected on the previous exhibition programme and its thematic focal points. While the first panel critically discussed the absence and presence of the bear enclosure's former inhabitants and the

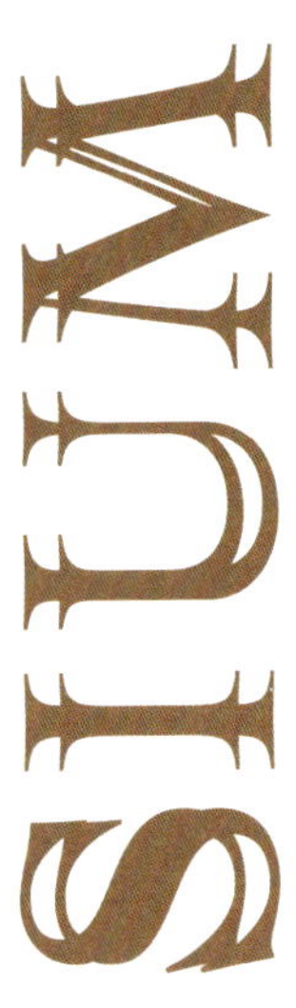

kulturell geprägte Dichotomien zwischen menschlichen und nichtmenschlichen Tieren kritisch verhandelte, diskutierten die Vortragenden im zweiten Panel Räume, Formen und Praktiken der Segregation. Das letzte Panel schließlich widmete sich [Un]Möglichkeiten des Aufbrechens und der Überwindung dualistischer Positionen, im Besonderen denen von Natur und Kultur.

Am zweiten Tag des Symposiums fand eine Öffnung hin zu grundlegenden Fragen nach den Möglichkeiten, Bedingungen und Funktionen der kulturellen Zwischennutzung und der Kunstproduktion im städtischen und öffentlichen Raum statt. Im Panel ›Kunst und Öffentlichkeit‹ wurden die vielseitigen und oft widersprüchlichen Zusammenhänge zwischen Kulturpolitik, Gesellschaft und Kunst im öffentlichen Raum diskutiert. Das zweite Panel ›Bedingungen ortsspezifischer Kunstpraktiken‹ rückte die künstlerische Praxis selbst und ihre Produktionsbedingungen im ›öffentlichen‹ Raum in den Fokus der Auseinandersetzung. Den Abschluss bildete das Panel ›Künstlerisch-kulturelle Zwischennutzung, Stadtentwicklung und Denkmalschutz‹, in welchem Potenziale, aber auch Herausforderungen der künstlerisch-kulturellen Zwischennutzung, insbesondere von historisch bedeutsamen und denkmalgeschützten Gebäuden, kritisch besprochen wurden.

associated culturally influenced dichotomies between human and non-human animals, the speakers in the second panel focused on spaces, forms, and practices of segregation. The final panel was devoted to the [im]possibilities of dismantling and overcoming dualistic positions, particularly those of nature and culture.

On the symposium's second day, fundamental questions were raised about the possibilities, conditions, and functions of intermediate cultural utilisation and art production in urban and public space. The panel "art and the public" discussed the versatile and often contradictory connections between cultural politics, society, and art in public space. The second panel, "conditions of site-specific art practices", shifted the focus of discussion towards artistic practice itself and its conditions of production in "public" space. The panel "artistic-cultural temporary use, urban development and monument protection" concluded with a critical discussion on both the potential and challenges of artistic-cultural interim utilisation, namely that of historically significant and listed buildings.

Spuren des Animalischen

Hanna Engelmeier
→ Timothy Treadwell schult um. Anthropomorphismus in Werner Herzogs ›Grizzly Man‹

Der Dokumentarfilm ›Grizzly Man‹ [2005] von Werner Herzog rekonstruiert das Leben des Amerikaners Timothy Treadwell, der mehrere Sommer seines Lebens in Alaska verbrachte, um dort in Eigenregie und in eigenem Auftrag die dort frei lebenden Grizzlybären vor dem zu schützen, was er als feindliche Umwelt betrachtete: Diejenigen Menschen, die aus Interesse an den Bären in deren Reservate touristische Expeditionen unternehmen. Treadwell wurde schließlich von den Bären getötet, denen seine ganze Liebe galt.
Herzogs Film wirft einerseits Fragen nach dem Anthropomorphismus Treadwells auf, der die Speziesgrenze zwischen Mensch und Bär gern durchbrechen wollte. Andererseits lässt sich anhand des Films fragen, ob es überhaupt einen anderen als anthropomorphisierenden Umgang mit Bären [und Tieren im Allgemeinen] gibt. Diesen Fragen zugrunde liegt auch die Konzeption von Natur, die Herzog in diesen und seinen anderen Filmen in Anschlag bringt. Während die Natur bei ihm für traditionsreiche Topoi wie Reinheit, Authentizität und Schönheit einsteht, wird

Traces of the Animalic

Hanna Engelmeier
→ Timothy Treadwell Retrains: Anthropomorphism in Werner Herzog's "Grizzly Man"

The documentary film "Grizzly Man" [2005] by Werner Herzog reconstructs the life of the American Timothy Treadwell, who spent several summers of his life in Alaska in the hope of protecting its native wild grizzly bears on his own initiative from what he considered a hostile environment: namely due to those undertaking tourist expeditions to their reserves, pursuing an interest in the bears. It was the bears that Treadwell loved so much that were ultimately the cause of his death. On the one hand, Herzog's film raises questions about Treadwell's anthropomorphism, which sought to break through the species barrier between humans and bears. On the other, with the aid of the film, the question is asked as to whether non-anthropomorphic forms of dealing with bears [and animals in general] exist. These questions are also based on Herzog's conception of nature in this and his other films. While for him nature represents traditional topoi such as purity, authenticity, and beauty, it is always shown as a destructive, threatening, and brutal force at

sie zugleich auch immer als zerstörerische, bedrohliche und brutale Kraft gezeigt. Der Impulsvortrag soll diskutieren, wie und aus welchen Gründen diese Auffassung auf die Figur des Bären und Timothy Treadwells Verhältnis zu ihm projiziert wird.

Dr. Hanna Engelmeier
ist wissenschaftliche Mitarbeiterin am Kulturwissenschaftlichen Institut in Essen. Sie hat zur Geschichte der deutschen Anthropologie im Zuge der Darwin-Rezeption im 19. Jahrhundert geforscht und dabei insbesondere das Verhältnis zwischen Menschen und Affen analysiert. Die daraus entstandene Studie ist unter dem Titel ›Der Mensch, der Affe‹ 2016 im Böhlau Verlag erschienen. Als Autorin schreibt sie literarische Essays und Rezensionen, unter anderem für den Merkur, die taz und die FAZ.

Sven Wirth
→ Spuren bärlicher Agency

Die Spuren der bärlichen Präsenz sind nicht nur in den olfaktorischen und visuellen Hinterlassenschaften, wie zum Beispiel an den Kratzspuren der Bär*innen, zu erkennen. Vielmehr ist die gesamte architektonische Realität des Bärenzwingers nicht ohne ihre Agency zu erklären. Dabei können mehrere Ebenen

the same time. It is the intention of the presentation to illuminate the ways and reasons for which this perception is projected onto the figure of the bear as well as Timothy Treadwell's relationship to it.

Dr. Hanna Engelmeier
is a research assistant at the Institute for Advanced Studies in the Humanities in Essen. She has researched the history of German anthropology in the course of the reception of Darwin in the 19th century, most notably examining the relationship between humans and monkeys. The resulting study was published by Böhlau Verlag in 2016, entitled "Der Mensch, der Affe" [Human, Ape]. As an author, she writes literary essays and reviews for Merkur, taz, and FAZ, among others.

Sven Wirth
→ Traces of Bearish Agency

Traces of the bear's presence exist not only in olfactory and visual form, as can be seen with the scratch marks left behind by the bears. Rather, the entire architectural reality of the Bärenzwinger cannot be defined without the bear's agency. Several levels of this agency can be analytically differentiated: on a material level, the agency of

der bärlichen Agency analytisch differenziert werden. Auf der materiellen Ebene hat die Agency der Bärenkörper zu einer konkreten Konstruktion des Zwingers geführt, um es den Menschen zu ermöglichen, die nichtmenschlichen Insass*innen gefangen zu halten. Diese ist aber nicht von der Agency, die aus den Interessen der Bär*innen, ihrem intellektuellen Vermögen et cetera abzuleiten ist, zu trennen. Nur vor dem Hintergrund der bärlichen Handlungen und Handlungspotenziale sind die Mensch-Bär-Verhältnisse sowie der konkrete Umgang von Menschen mit den konkreten Individuen zu verstehen.
Dabei kann die Agency der Bär*innen weder mit klassischen Subjekttheorien, also über – auf freiem Willen basierende – intentionale Handlungen erklärt, noch auf eine Determination ihres Verhaltens durch die biologischen Anlagen zurückgeführt werden. Stattdessen müssen Machtverhältnisse, die den Bär*innen bestimmte Handlungsräume eröffnen oder verschließen, genauso miteinbezogen werden wie die Materialität ihrer Körper, ihre Bedürfnisse oder ihr Bestreben. In dem Impulsreferat wird den ›Spuren des Animalischen‹ weniger an konkreten Manifestationen, zum Beispiel im Beton des Zwingers, nachgegangen, sondern sich ihnen vielmehr über eine philosophisch-kulturwissenschaftliche Auseinandersetzung mit den Fragen tierlicher Agency genähert.

the bear's bodies has resulted in the enclosure being constructed with concrete, enabling the human to hold non-human inmates captive. However, this cannot be separated from the agency derived from the interests of the bears, their intellectual capacity, etc. Only in light of bearish action and the potential to act are we to understand human-bear relationships, as well as the concrete contact of humans with the concrete individuals.
The bears' agency can neither be explained by classical subject theories, that is, by intentional actions based on free will, nor can it be traced back to a determination of their behaviour linked to biological predispositions. Instead, power relations that open or close certain spaces of action to the bears must be included in equal part to the materiality of their bodies, their needs or desires. During the presentation, the "traces of the animalic" do not touch on tangible manifestations, such as the concrete of the enclosure, as much as addressing the questions surrounding animal agency by means of a philosophical-cultural-scientific examination.

Sven Wirth
studierte Soziologie, Philosophie und Gender Studies. Seine Arbeitsschwerpunkte sind die Kritik der gesellschaftlichen Mensch-Tier-Verhältnisse, feministische Wissenschaftskritik und poststrukturalistische politische Philosophie. Er ist Gründungsmitglied des Chimaira – Arbeitskreis für Human-Animal Studies und Herausgeber mehrerer Publikationen und Sammelbände zu Mensch-Tier-Verhältnissen.
Er promoviert an der Humboldt-Universität zu Berlin über ›Widerständige tierliche Agency‹.

Friederike Kersten [NEOZOON]
→ ›Bearly Legal‹

›Bearly Legal‹ ist eine für den Bärenzwinger entwickelte, mehrteilige Arbeit, die sich kritisch mit den hegemonialen Schemata auseinandersetzt, in die Tiere durch Menschen gepresst werden. Diesen Repressalien waren auch die ›amtierenden‹ Berliner Stadtbären ausgesetzt. Mittels Raum-, Sound- und Videoinstallation werden Mensch-Tier-Verhältnisse sowohl innerhalb als auch außerhalb des Bärenzwingers thematisiert. ›Im Prinzip ist jeder Käfig ein Rahmen um das Tier im Inneren‹, schreibt John Berger 1980 in seinem Text ›Warum sehen wir Tiere an?‹. ›Das Tier‹ wird im Zoo als Teil eines

Sven Wirth
studied sociology, philosophy, and gender studies. His work focuses on the critique of social human-animal relationships, feminist scientific critique, and poststructuralist political philosophy. He is a founding member of the Chimaira – a research group for Human-Animal Studies – and editor of several publications and anthologies on human-animal relationships. He is currently writing his doctoral thesis on "Resistant Animal Agency" at the Humboldt-Universität zu Berlin.

Friederike Kersten [NEOZOON]
→ "Bearly Legal"

"Bearly Legal" is a multipart work developed for the Bärenzwinger that critically examines the hegemonic schemes which animals are forced into by humans. The "acting" Berlin city bears were also exposed to these repressive measures. By means of space, sound, and video installations, human-animal relationships both inside and outside of the Bärenzwinger are thematised. "In principle, each cage is a framework around the animal inside", as John Berger wrote in his 1980 text "Why do we look at animals?". In the zoo "the animal" is integrated in the display as part of a picture.

Bildes in die Schauanordnung integriert. Wir fühlen uns ihm nah und gleichzeitig fasziniert es uns in seiner Fremdheit. Besonders im Zoo wird die von Menschen beschlossene Trennung von Kultur und Natur deutlich, indem Tiere wie Museumsobjekte ausgestellt und betrachtet werden. ›Bearly Legal‹ thematisiert nicht nur diese Art der Tierhaltung, sondern versucht eingeschliffene Sehgewohnheiten künstlerisch zu hinterfragen.

NEOZOON
ist ein 2009 in Berlin und Paris gegründetes Künstlerinnenkollektiv, das sich mit Mensch-Tier-Verhältnissen beschäftigt und den Umgang moderner Gesellschaften mit lebendigen und toten Tieren untersucht. NEOZOONs Kunstaktionen finden im öffentlichen Raum statt, in öffentlichen Institutionen sowie im Netz. Die Arbeiten und Filme von NEOZOON wurden im Centre Pompidou in Paris, im ZKM in Karlsruhe und im Kunstmuseum Bonn gezeigt und liefen auf nationalen und internationalen Filmfestivals unter anderem in Oberhausen, Rotterdam und New York.

We feel close to it and at the same time we are fascinated by its alieness. Especially in the zoo, the separation of culture and nature – which was decided by humans – becomes clear: by exhibiting and looking at animals like museum objects. “Bearly Legal” not only thematises this form of animal keeping, but also sets out to artistically challenge our ingrained viewing habits.

NEOZOON
is a female artist collective that was founded in Berlin and Paris in 2009. The group focuses on human-animal relationships and examines the treatment of living and dead animals in modern societies. NEOZOON’s art campaigns take place in public space, in public institutions, and online. Their artistic medium encompasses collages, installations, and videos. NEOZOON’s works and films have been shown at the Centre Pompidou in Paris, the ZKM in Karlsruhe, and the Kunstmuseum Bonn, and have been shown at national and international film festivals in Oberhausen, Rotterdam, and New York.

Julia Heunemann [Moderation]
ist Kultur- und Medienwissenschaftlerin und promoviert an der Bauhaus-Universität Weimar zu den Formationen des Wissens über das Meer im 19. Jahrhundert. Zwischen 2016 und 2018 war sie als Teil des künstlerischen Leitungsteams des Bärenzwingers und kuratorische Assistenz der Galerie Nord | Kunstverein Tiergarten in Berlin tätig. Sie arbeitet als freie Kuratorin und Kulturwissenschaftlerin.

Julia Heunemann [moderation]
is a scholar of cultural and media studies and is currently writing her Ph.D. thesis at Bauhaus-Universität Weimar focusing historical formations of knowledge about the sea. Between 2016 and 2018, she was a member of the Bärenzwinger's artistic direction and a curatorial assistant at Galerie Nord | Kunstverein Tiergarten in Berlin. She works as a freelance curator and scholar of cultural studies.

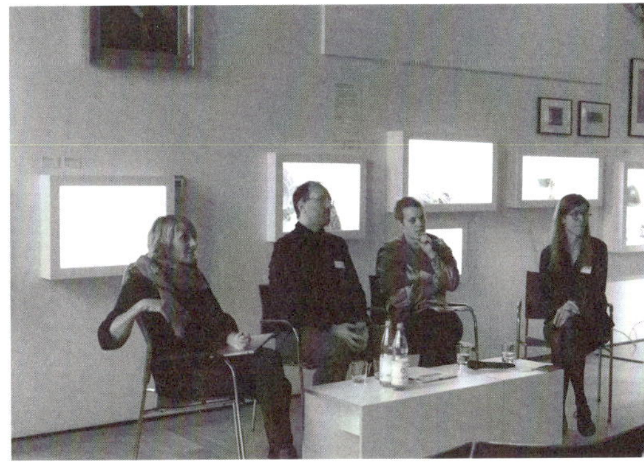

Architekturen der Segregation

Sarah Sander
→ Zum Zwinger – Architektonische Anordnungen der Un/Sichtbarkeiten

Architekturen ziehen Grenzen.
Sie trennen das Drinnen vom Draußen, oben von unten und organisieren durch Türen, Tore und Türpolitik das Rein und Raus, das Eingeschlossen- oder Ausgeschlossen-Sein. Durch Fenster, Luken, Vorplätze und Balustraden geben sie außerdem die Sichtachsen und Sehordnungen des umbauten Raums vor. Wer sieht und wer gesehen wird, wer geschützt ist und wer eingeschlossen, wer ausgeschlossen und wer ausgesetzt, hängt allerdings immer von den konkreten Gebäudetypen und den Schließpolitiken ab.
Der Impulsvortrag leuchtet den Berliner Bärenzwinger einerseits architekturtheoretisch aus und zeichnet auf der anderen Seite die konkrete Raumordnung des Zwingers im Köllnischen Park nach: zwischen Zoo und Gefängnisarchitektur, zwischen Zweitem Weltkrieg und Kunst im öffentlichen Raum. Er fragt dabei auch nach den Möglichkeiten des Ausbruchs aus der Überordnung der Un/Sichtbarkeit einer solchen Architektur. Denn wenn Architekturen die grundlegenden

Architectures of Segregation

Sarah Sander
→ About the "Zwinger" – Architectural Arrangements of In / Visibilities

Architectures draw boundaries. They separate inside from outside, above from below, and they determine in and out, inclusion or exclusion through doors, gates, and door politics. Through windows, hatches, forecourts, and balustrades, they also provide the visual axes and visual orders of the enclosed space. However, who sees and who is seen, who is protected, who is closed in, who is closed out, and who is exposed always hinges upon the concrete building types and locking policies. On the one hand, the presentation underlines the bear enclosure's architectural theory and, on the other, charts the concrete spatial planning of the enclosure – situated in the "Köllnischer Park": between zoo and prison architecture, between World War II and art in public space. Moreover, it considers the possibilities of prevailing over the superorder of the invisibility / visibility of such architectures. If we consider that architectures operationalise the basic functions of interior / exterior, connecting / separating,

Funktionen Innen / Außen, Verbinden / Trennen, Öffnen / Schließen und Sehen / Gesehenwerden operationalisieren, dann zählt der Berliner Bärenzwinger zwar deutlich zu einem Typus von Architektur, der auf Einschluss und Ein-Sichtbarkeit ausgelegt ist / war. Doch wer wurde hier genau eingeschlossen? Was wurde ausgestellt? Und was bleibt ungesehen in einer Betrachtung der Raum- und Sehordnungen von historischen Zwangsarchitekturen, die strikt dem Programm der Planer*innen folgt? Das will der Impulsvortrag zum Schluss mit Rekurs auf ein un / mögliches Szenario austarieren.

Sarah Sander
ist Medien- / Kulturwissenschaftlerin und seit 2013 wissenschaftliche Mitarbeiterin an der Kunstuniversität Linz. Studium der Kulturwissenschaft, Filmwissenschaft und Gender Studies in Berlin, Málaga und Weimar. Promotion zu ›Prekären Passagen. Medien und Praktiken der Migration‹. Forschungsschwerpunkte: Maritime Historiographien, Archäologie der Globalisierung, Formen des Dokumentarischen und der Fiktion, mobility, art and agency studies. Besonderes Interesse am Zusammenhang von Raum und Macht, Un / Sichtbarkeit und Un / Möglichkeit.

opening / closing, and seeing / being seen, then the bear enclosure clearly does belong to a type of architecture that is / was designed for inclusion and visibility. But who was included here exactly? What was exhibited? And what remains unseen in a view of the spatial and visual orders of historic architectures of confinement that strictly adhere to the architect's blueprint? In its conclusion, the talk aims to strike a balance with recourse to an impossible / possible scenario.

Sarah Sander
is a media / cultural scientist; since 2013 she has been a research assistant at the Linz Art University. She studied cultural studies, film studies, and gender studies in Berlin, Málaga, and Weimar and wrote her doctoral thesis on the "Precarious Passages: Media and Practices of Migration". Her main areas of research are: maritime historiographies, archaeology of globalisation, forms of documentary and fiction, mobility, art and agency studies. She is particularly engaged with the connection between space and power, invisibility / visibility, and impossibility / possibility.

Natascha Meuser
→ Architektur im Zoo. Theorie und Geschichte einer Bautypologie

Dieser Vortrag widmet sich Zoobauten aus architektonischer Sicht und systematisiert die Zooarchitektur in einer Form, wie sie bislang nicht vorliegt. Dazu wird die Entwicklung dieser Baugattung unter theoretischen, historischen und typologischen Aspekten kurz vorgestellt. Festzustellen gilt, dass es sich bei den Großbauten in Zoologischen Gärten um eine eigenständige Gebäudetypologie handelt, die wie jede andere Gattung den gesellschaftlichen Entwicklungen und wissenschaftlichen Erkenntnissen der jeweiligen Epoche folgt. Die Architekturgeschichte des Zoos ist zugleich ein Abbild vom abendländischen Verhältnis des Menschen zum Tier. Christliche Werte, wissenschaftliche Emanzipation und politische Macht sind dabei wichtige Faktoren. Die Entwicklungen kristallisierten sich immer in architektonischer Form und Reform. Wie die Vorstellungen von gelungener Architektur generell, so änderte sich auch das Verhältnis des Menschen sowohl zur Architektur als auch zum Tier. Die jeweilige Vorstellung davon, was eine gesellschaftlich akzeptierte und damit angemessene Architektur für einen Zoologischen Garten darstellt, war somit ebenfalls permanent Veränderungen unterworfen. Der Zoo entwickelte sich von einer lebenden

Natascha Meuser
→ Architecture in the Zoo: Theory and History of a Building Typology

This lecture is dedicated to zoo constructions from an architectural viewpoint and systematises zoo architecture in a form previously unheard of. In addition, theoretical, historical, and typological aspects of the development of this category of construction are presented. It should be noted that the large constructions in zoological gardens are an independent construction typology which, not unlike any other category, follows the social developments and scientific findings of the respective epoch. The architectural history of the zoo is at the same time an image of the occidental relationship between man and animal. Christian values, scientific emancipation, and political power have all played their part in this. These developments have always crystallised in architectural form and reform. As did the ideas of successful architecture in general, the relationship of humans to architecture as well as animals also changed. The respective notions of what socially acceptable, and therefore appropriate architecture, represents for a zoological garden were thus also subject to perpetual change. The zoo has evolved from a living trophy collection to a museum with living exhibits to a leisure park with a moral obligation. To date, five generations

Trophäensammlung über ein Museum mit lebendigen Exponaten hin zu einem Erlebnispark mit moralischem Auftrag. Bis heute können fünf Generationen von Zoobauten identifiziert werden, die auf einer zeitlichen Chronologie aufbauen und die sich ändernden Vorstellungen des Menschen vom Wildtier abbilden: vom reinen Schauobjekt bis hin zu einem Wesen mit Rechten. Festzustellen ist, dass in allen Generationen belegt ist, dass der Zoologische Garten ein Experimentierfeld für einen neuen Gebäude-Typus war.

Prof. Dr. Natascha Meuser
lebt und arbeitet als Architektin und Herausgeberin in Berlin. Sie studierte in Rosenheim [Innenarchitektur] und in Chicago am Illinois Institute of Technology [Architektur] und promovierte an der Technischen Universität Berlin. Sie ist Professorin an der Hochschule Anhalt in Dessau und publizierte zahlreiche Texte über Design-Methodologie und das Unterrichten von Zeichnen für Architekten*innen als auch über architektonische und historische Recherche über Architektur und Zoologie.

of zoo constructions can be identified. These are chronologically structured and depict man's changing perception of a wild animal: from purely an exhibition object to a creature with rights. Evidence suggests that in each respective generation the zoological garden was an experimental field for a new category of building.

Prof. Dr. Natascha Meuser
lives and works as an architect and publisher in Berlin. She studied interior design in Rosenheim and architecture at the Illinois Institute of Technology in Chicago. She received her doctorate from the Technical University of Berlin. She is a professor at the Anhalt University in Dessau and has published numerous texts on design methodology and drawing for architects. She has also conducted architectural and historical research on architecture and zoology.

Christina Katharina May
→ Gefährliche Nähe – die Inszenierung von Distanz in zoologischen Schauanordnungen

Zur Zooarchitektur gehören konkrete physische Begrenzungen wie Zäune, Mauern, Gräben oder Elektrodraht. Topologisch werden die Räume durch die Relationen zwischen den Tieren untereinander, zu Pfleger*innen und Besucher*innen bestimmt. Räume werden durch Bewegungs- und Handlungsabläufe ihrer Nutzer*innen verbunden oder separiert. Schließlich ist der Zoo als Gesamtanlage selbst als Ort des Exotischen oder des Fremden von seiner Umgebung abgegrenzt. Diese ästhetische Grenze begründet im Wesentlichen die Akzeptanz der inszenierten Räume im Zoo, die in ihrer Gestaltung vom Publikum in der Regel nicht hinterfragt werden. Gerade bei einer öffentlichen Tierschauanlage wie dem Berliner Bärenzwinger entsteht aber eine unmittelbare Konfrontation mit dem Stadtraum. Welche Besonderheiten ergeben sich für eine Zooarchitektur, die im öffentlichen Raum platziert wird? Der Vortrag stellt anhand ausgewählter Beispiele verschiedene Formen von Grenzziehungen vor. Besonders berücksichtigt werden dabei Bärenanlagen im 20. und 21. Jahrhundert, wie beispielsweise des Tierparks Hagenbeck, des Ruhr-Zoos Gelsenkirchen oder des Bärenwald Müritz. Über die visuelle Autopsie des

Christina Katharina May
→ Dangerous Proximity: The Staging of Distance in Zoological Arrangements

Zoo architecture comprises concrete physical boundaries such as fences, walls, ditches, or electric wire. The spaces are defined by how the animals within them relate to one another, and to the zookeepers and visitors. Spaces are connected or separated by the sequence of movements and actions of their users. After all, the zoo as a whole is itself a place of the exotic or the alien, isolated from its surroundings. This aesthetic boundary essentially justifies the acceptance of the staged spaces in the zoo, whose design is generally not questioned by the public. But it is precisely in the case of a public animal show facility such as with the Bärenzwinger that a direct confrontation with the urban space arises. What special architectural features does a zoo that is placed in public space result in? The lecture draws on selected examples to present various forms of demarcation. Particular attention is paid to bear enclosures in the 20th and 21st centuries, such as the Hagenbeck zoo, the Ruhr zoo in the city of Gelsenkirchen, or the Müritz bear forest. The visual autopsy of the architectural inventory, photographic documentation, and written planning concepts allow various presentation concepts to be traced. In doing so, various processes

architektonischen Bestands, Dokumentarfotografie und schriftliche Planungskonzepte lassen sich unterschiedliche Präsentationskonzepte nachvollziehen. Dabei lassen sich verschiedene Handlungs- und Inszenierungsprozesse zur Distanznahme und Annäherung ebenso beobachten wie verschiedene Interpretationen von Dominanz.

Dr. des. Christina Katharina May ist Kunst- und Architekturhistorikerin und wohnt in Schwerin. Sie verfasste ihre Dissertation über die Architektur und Landschaftsarchitektur von Zoos. Darüber hinaus forscht sie zu moderner und zeitgenössischer Kunst und arbeitete am Staatlichen Museum Schwerin, am Kunstmuseum Ahrenshoop und als Leiterin des Künstlerbundes Mecklenburg und Vorpommern. Studiert hat sie Kunstgeschichte und Theaterwissenschaft an der Ruhr-Universität Bochum. Momentan arbeitet sie für den Bereich Kunst im öffentlichen Raum bei der Stadt Rostock.

of action and staging can be observed in order to both distance oneself from and approach the subject, as can various interpretations of dominance.

Dr. des. Christina Katharina May is an art and architecture historian living in Schwerin. She wrote her dissertation on architecture and landscape architecture of zoos. In addition, she researches modern and contemporary art and has worked at the Staatliches Museum in Schwerin, at the Kunstmuseum in Ahrenshoop, and as director of the Künstlerbund Mecklenburg and Vorpommern. She studied art history and theatre studies at the Ruhr University in Bochum. Currently she is working for the public art department in Rostock.

Kerstin Honeit
→ Shifting the spectacle?
Spektakel des Ausstellens

Der Anblick der leeren Käfige des Bärenzwingers scheint zu fesseln. Egal ob die Besucher*innen eigentlich wegen der Kunst kommen oder weil sie – nicht wissend, dass es sich jetzt um einen Ausstellungsraum handelt – hoffen, ein Tier in der Anlage zu erspähen. Die viel zu kleinen, verwaisten Zellen, umgeben von massiven Eisenstangen, faszinieren. Eine ungewohnte Perspektive auf ein ›Innen‹, das wie in den meisten Gefängnisbauten nicht für ein ›Außen‹ bestimmt ist. Der von Michel Foucault beschriebene Aspekt des Spektakels in Zusammenhang mit öffentlicher Maßregelung fällt in Erinnerung. Das Spektakel, das als Produkt der Architekturen, Praxen und Technologien der Segregation, der Überwachung und der Strafe selbst teilt. Im Sinne der Teilhabe – wer hat das Privileg, am Spektakel zu partizipieren und in welcher Rolle, wer ist ein- beziehungsweise ausgeschlossen, drinnen oder draußen? Von dem Ausstellen von Tieren zur Kunstausstellung, zum Ausstellungsort, weiterhin Spektakel, jetzt aber zusätzlich auch Spekulation, ein Spekulationsort, Teil eines ›hochwertigen‹ Immobilienkomplexes, drinnen, draußen. Aus der Perspektive und Arbeitspraxis als teilnehmende Künstler*in an der Ausstellungsreihe ›Architekturen der Segregation‹ wird der

Kerstin Honeit
→ Shifting the Spectacle?
Spectacle of exhibiting

The sight of the Bärenzwinger's empty cages seems captivating. Regardless of whether visitors come for the art or because they hope to catch a glimpse of an animal in the enclosure, unaware of its current use as an exhibition space – they are fascinated by the inadequately sized orphaned cells surrounded by massive iron bars. It is an unfamiliar perspective on an "indoor space" that, as in most prison buildings, is not intended for an "outside" view. Michel Foucault's description of the spectacle in connection with public reprimand is called to mind – the spectacle that itself shares segregation, surveillance, and punishment as a product of architecture, practices, and technologies. In the sense of participation – who has the privilege to participate in the spectacle and in which role? Who is included or excluded, inside or outside? From the exhibiting of animals to art exhibition, to exhibition site, now more of a spectacle, add to that speculation a speculation site, part of a "high-value" real estate complex; indoors, outdoors. From the perspective and through the working practice of the participating artists in the exhibition series "Architectures of Segregation", the Bärenzwinger

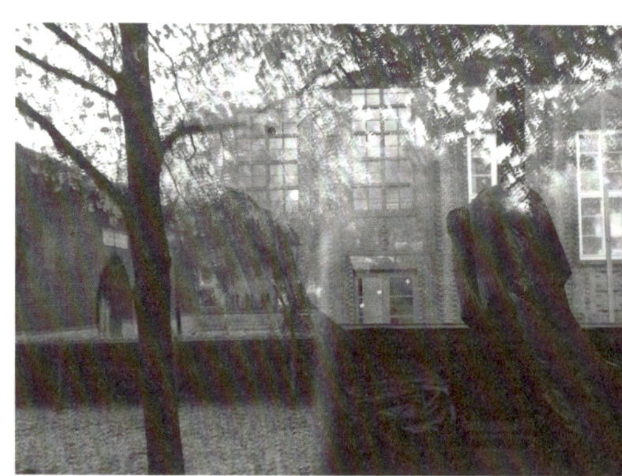

Reisebus mit Müllsack-Sitzschonbezug vor Bärenzwinger. Tägliche An- und Abreise rumänischer Niedriglohn-Arbeitskräfte beim Ausbau von Luxus-Immobilien am Köllnischen Park
Kerstin Honeit, Oktober 2018

Ort Bärenzwinger mit seiner höchst problematischen Geschichte des Zeigens mit dem gegenwärtigen Ort künstlerischer Praxis und Displays zwischen Spektakel und Spekulation verbunden und im Zusammenhang von Ökonomien und Politiken der Ein- und Ausschlüsse betrachtet.

Kerstin Honeit
hat Bildende Kunst und Bühnenbild an der Kunsthochschule Berlin Weißensee studiert. Seit 2014 ist sie auch als Dozentin an der Kunsthochschule Kassel tätig. Ihre jüngsten Arbeiten zeigten: Videoart at Midnight Berlin, Something Else – Off Biennale Kairo, MMOMA Moskau, La Centrale Montreal, HKW Berlin, Haohaus Taipeh, Forum des images Paris, SixtyEight Art Institute Kopenhagen, Berlinische Galerie, Internationale Kurzfilmtage Oberhausen, Arsenal – Institut für Film und Videokunst Berlin.

Anne Hölck [Moderation]
ist seit 2002 freischaffende Szenografin an Theatern in Deutschland, Frankreich und in der Schweiz, sie lebt in Berlin. Neben ihrer Theaterarbeit realisiert sie Ausstellungsprojekte und hält Vorträge im Forschungsfeld der Human-Animal Studies mit dem Schwerpunkt auf raumwissenschaftlichen und künstlerischen Ansätzen.

site, with its highly problematic history of exhibition, is connected with the present site for artistic practice and displays, between spectacle and speculation, and viewed in the context of economies and politics of inclusion and exclusion.

Kerstin Honeit
studied fine arts and stage design at Weißensee academy of art Berlin. Since 2014 she has lectured at Kunsthochschule Kassel. Her most recent works have been shown at: Videoart at Midnight – Berlin, Something Else – Off Biennale Cairo, MMOMA Moscow, La Centrale Montreal, HKW Berlin, Haohaus Taipei, Forum des images Paris, Sixty-Eight Art Institute in Copenhagen, Berlinische Galerie, Internationale Kurzfilmtage in Oberhausen, Arsenal – Institute for Film and Video Art, Berlin.

Anne Hölck [moderation]
has been a freelance scenographer at numerous theatres throughout Germany, France, and Switzerland since 2002. She lives in Berlin. In addition to her theatre work, she realises exhibition projects and gives lectures in the research field of human-animal studies, focusing on spatial and artistic approaches.

Projektionen der Ununterscheidbarkeit

Hanns Lennart Wiesner
→ uma perspectiva circular – eine zirkuläre Perspektive

Wie uneindeutig die behauptete Dichotomie zwischen dem Künstlichen und dem Natürlichen ist, zeigen die Wissenschaften uns mithilfe der Empirie immer wieder auf. Es bleibt uns deshalb nur, den Schluss zu ziehen, dass das Aufstellen von Dualismen ein ideologisches Hilfskonstrukt ist, das man als Instrument zur Vereinfachung oder Binarisierung der Welt verstehen muss. Anhand der von mir organisierten Ausstellung ›uma perspectiva circular‹ in Lídice, Rio de Janeiro, Brasilien werde ich in diesem Vortrag Möglichkeiten aufzeigen, wie künstlerische Positionen sich der Komplexität der Welt stellen und Räume zwischen dem starren, dualistischen Denken einnehmen können. Im Weiteren erscheinen mir Perspektiven indigener Kosmologien besonders interessant, welche von den dominanten Wissenschaftsnarrativen abweichen. Im Speziellen werde ich auf die von Eduardo Viveiros de Castro untersuchten indigenen Stämme des Amazonas-Regenwaldes eingehen und deren Kosmologie kurz umreißen. Des Weiteren werden anhand des

Projections of Indistinguishability

Hanns Lennart Wiesner
→ uma perspectiva circular – a circular perspective

The degree of ambiguity of the purported dichotomy between the artificial and the natural is repeatedly shown to us by the sciences with the help of empiricism. We can therefore only conclude that the establishment of dualisms involves ideological auxiliary constructs that must be understood as instruments for simplifying or binarising the world. With the aid of the exhibition "uma perspectiva circular" in Lídice, Rio de Janeiro, Brazil, which I organised, the lecture will demonstrate how artistic positions can be deployed to confront the complexity of the world and assume the spaces between rigid dualistic thinking. Furthermore, perspectives of indigenous cosmologies that deviate from the dominant scientific narratives are of particular interest to me. Most notably, I will discuss the indigenous tribes of the Amazon rainforest researched by Eduardo Viveiros de Castro and briefly outline their cosmology. Furthermore, the exhibition context and design of "uma perspectiva circular" uncover the

Ausstellungskontextes und -designs von ›uma perspectiva circular‹ die Potenziale von unkonventionellen Ausstellungsräumen beleuchtet und zur Situation des Bärenzwingers in Beziehung gesetzt. Im Fokus steht hier das Erlebnis der Besucher*innen, mit künstlerischen Positionen außerhalb des gewohnten Kontexts konfrontiert zu werden.

Hanns Lennart Wiesner
organisiert freischaffend kuratorische Projekte in Deutschland und im Ausland. Er lebt und arbeitet in Berlin. Zwischen 2013 und 2016 lebte er in Rio de Janeiro, Brasilien und arbeitete in enger Verbindung mit der dort ansässigen Kunstinstitution CAPACETE, mit welcher er eine Ausstellungsserie unter dem Namen ›uma perspectiva circular‹ initiierte und 2017 in Athen, Griechenland mit der zweiten Ausstellung fortsetzte.

potentials of unconventional exhibition spaces and relate them to the situation of the bear enclosure. The focus here is on the visitor's experience of being confronted with artistic positions outside the usual context.

Hanns Lennart Wiesner
organises freelance curatorial projects in Germany and abroad. He lives and works in Berlin. Between 2013 and 2016 he lived in Rio de Janeiro, Brazil, and worked in close collaboration with the local art institution CAPACETE, with whom he also initiated an exhibition series entitled "uma perspectiva circular", and later the second exhibition in Athens, Greece, in 2017.

Sandra Bartoli
→ Tiergarten, Landscape of Transgression

Der Tiergarten, 210 Hektar Wald in der Mitte Berlins und der älteste Park der Stadt, ist ein Ort, an dem viele Aspekte von Ökologie, Urbanismus, Kulturerbe, Alltagskultur und Politik zeitgleich präsent sind, aber auch sichtbar in ihren Grenzen überschritten werden.
Im Verlauf der Zeit ist der Tiergarten zu einer großen Insel von Anomalien geworden, die als radikaler Ausdruck dessen gelesen werden können, was am urbansten und öffentlichsten in dieser Stadt ist. Ein wichtiger Aspekt des Tiergartens ist, dass hier menschliche Geschichte und Naturgeschichte zusammen konstruiert wird, um ein Modell zukünftiger Lebenswelten im immer größer werdenden See der Urbanisierung zu formen. Die Grenzüberschreitung des Tiergartens kann eine Schlüsselrolle im Wandel dessen einnehmen, wie über diese Stadt gesprochen wird.

Sandra Bartoli
ist zusammen mit Silvan Linden Mitbegründerin des Büros für Konstruktivismus in Berlin. Als eine Praxis der Architektur und Forschung lenken sie die Aufmerksamkeit auf höhere Auflösung und rohen Kontext, sowohl vorgefunden als auch konstruiert. Ein Beispiel hierfür ist ihre fortlaufenden Publikationsreihe ›AG Architektur

Sandra Bartoli
→ Tiergarten, Landscape of Transgression

The Tiergarten, 210 hectares of forest in the middle of Berlin and the oldest park in the city, is a place where many aspects of ecology, urbanism, heritage, daily culture, and politics are simultaneously present, but also visibly transgressed. The Tiergarten throughout time has become a large island of anomalies that can be read as the radical expression of what is most urban and public in the city. One important aspect about the Tiergarten is that here human history and natural history are constructed together to shape a model for future environments in an ever-expanding sea of urbanisation. Tiergarten's transgression can become a key in shifting established ways of talking about the city.

Sandra Bartoli
is a co-founder with Silvan Linden of the Büro für Konstruktivismus in Berlin. As a practice of architecture and research, an attention to high resolution and raw context, both found and constructed, is exercised. An example is the ongoing publishing series "AG Architektur in Gebrauch" [Architecture in Use], started by the office in 2014, in which "use" is explored as an aesthetic category that informs the development and transformation of space and

in Gebrauch‹, die das Büro 2014 lancierte und in dem ›Gebrauch‹ als eine ästhetische Kategorie untersucht wird, die die Entwicklung und den Wandel von Raum und Stadt erforschen. Bartoli und Jörg Stollmann sind Herausgeber*-innen des Buches ›Tiergarten: Landscape of Transgression, This Obscure Object of Desire‹ [2018]. Sie hat an der TU Berlin, der AdBK Nürnberg und der AdBk Wien unterrichtet und ist zur Zeit Professorin an der Hochschule München.

Mirjam Thomann
→ Meeting with the other as such, but still, oh well

Wofür steht der Ort und wie wirkt er auf uns? Was ist das für ein Zusammenspiel aus sozialen Stimmungen, architekturhistorischen Setzungen und strukturellen Bedingungen, die wir hier vorfinden? Wie bewegen wir uns darin? ›In the activity of residing there must be some space fitted out for that which is particular to oneself, and also separate space for approaching the other‹, schreibt Luce Irigaray. Wie lässt sich der Ort also temporär bewohnen und dem vermeintlich Anderen darin begegnen? Wie lassen sich die Schnittstellen zwischen Barriere und

the city. Bartoli and Jörg Stollmann are the editors of the book "Tiergarten: Landscape of Transgression, This Obscure Object of Desire" [2018]. She taught at the TU Berlin, the AdbK in Nuremberg, the adbk Vienna, and is currently professor at the University of Applied Sciences Munich.

Mirjam Thomann
→ meeting with the other as such, but still, oh well

What does the place represent and what effect does it have on us? How do we define this interplay of social moods, architectural-historical settings, and structural conditions that are found here? How do we move in it? "In the activity of residing there must be some space fitted out for that which is particular to oneself, and also separate space for approaching the other", writes Luce Irigaray. How can the place be inhabited temporarily and encounter the supposed other within it? How do we comprehend the interfaces between barrier and accessibility, inside and outside, exhibition and retreat, bodies and surfaces, public and private, contemplation and exchange?

Zugänglichkeit, Innen und Außen, Zurschaustellung und Rückzug, Körpern und Oberflächen, Kontemplation und Austausch fassen? Mirjam Thomann wird von ihrer Arbeit an der Ausstellung ›Meeting with the other as such, but still‹ im Bärenzwinger berichten. In ihrem Vortrag wird Thomann Stichworte und Materialien präsentieren, die für die Vorbereitung ihrer skulpturalen Serie ›Little Life‹, die derzeit für die Ausstellung entsteht, relevant sind. Neben einer Beschäftigung mit den Konturen des Ausstellungsraums, seinen architektonischen Rändern und Zwischen bereichen wird es dabei um die körperliche Dimension der Raumerfahrung und den Begriff des Milieus gehen.

Mirjam Thomann
ist Künstlerin und lebt in Berlin. In ihren installativen Arbeiten verbindet sie Skulpturen mit Text, Konstruktionsmaterialien mit Fleischfarben, Alltagsobjekte mit Keramiken und kunstwissenschaftliche Bezüge mit feministischer Theorie. Die Beschäftigung mit der architektonischen und institutionellen Beschaffenheit eines Ortes, besonders dem Raum der Ausstellung, steht dabei im Zentrum ihres Interesses. Ihre Arbeiten wurden unter anderem in der Galerie Nagel Draxler, Berlin und Köln, bei Casco in Utrecht, im Kunstverein Hamburg und Kunstverein Arnsberg, bei After the Butcher, Berlin, in der Galerie Krobath, Wien,

Mirjam Thomann will report on her work for the exhibition "meeting with the other as such, but still" at Bärenzwinger. In her lecture she will present keywords and materials relevant to her sculptural series "Little Life", which she is currently developing for the exhibition. Besides dealing with the contours of the exhibition space, its architectural edges and intermediate spaces, she will talk about the bodily dimension of the spatial experience and the term "Milieu".

Mirjam Thomann
is an artist living in Berlin. Her installations combine sculptures with text, construction materials with flesh colours, everyday objects with ceramics, and art historical references with feminist theory. Her focus centres on the architectural and institutional nature of a place, particularly the exhibition space. Her works have been exhibited at Galerie Nagel Draxler in Berlin and Cologne, Casco in Utrecht, Kunstverein Hamburg and Kunstverein Arnsberg, After the Butcher in Berlin, Galerie Krobath in Vienna, the Museum of Contemporary Art, Taipei, and MAK Schindler Apartments in Los Angeles. She has written texts on art and is currently Professor of Fine Arts / Plastics at the Kunsthochschule Kassel.

dem Museum of Contemporary Art, Taipei und im MAK Center for Art and Architecture in Los Angeles gezeigt. Sie ist Autorin von ›Texte zur Kunst‹ und vertritt derzeit die Professur für Bildende Kunst/Plastik an der Kunsthochschule Kassel.

Lena Johanna Reisner [Moderation] ist Kuratorin und derzeit als wissenschaftliche Volontärin im Kunstraum Kreuzberg/Bethanien und in der Galerie im Turm, Berlin tätig. Vorangehend war sie Stipendiatin auf Schloss Ringenberg und hat für das Van Abbemuseum, Eindhoven, documenta [13] und KOW, Berlin gearbeitet.

Lena Johanna Reisner [moderation] is a curator and currently works as a scientific volunteer at Kunstraum Kreuzberg/Bethanien and Galerie im Turm, Berlin. Previously she held a scholarship at Schloss Ringenberg and worked for the Van Abbemuseum in Eindhoven; documenta [13]; and KOW, Berlin.

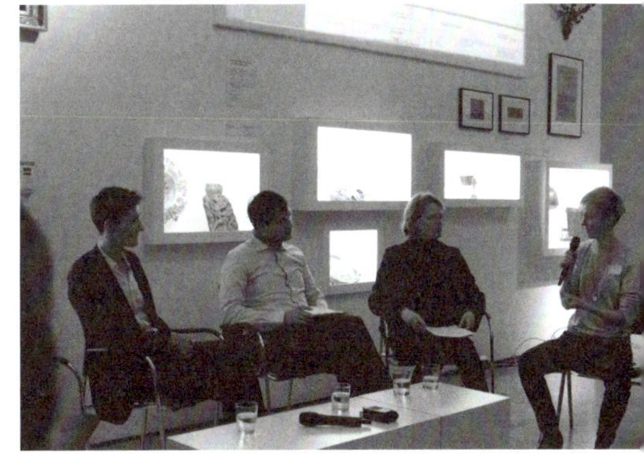

Kunst und Öffentlichkeit

Constanze von Marlin
→ Kunst im öffentlichen Raum zwischen Kunstgattung und politischer Aktion

Gemeinhin wird mit dem Begriffspaar Kunst und Öffentlichkeit eine ›Kunst im öffentlichen Raum‹ assoziiert, die Präsentationen von Kunstwerken im nicht-institutionellen Außenraum umfasst. Diese Fokussierung auf die räumliche Zugänglichkeit der Kunstwerke ist problematisch, da einerseits suggeriert wird, dass diese Art von Kunst öffentlich sei, die andere etwa in Museen oder privaten Sammlungen hingegen nicht, andererseits die Ansprache und Haltung der Betrachter*innen in der Kunstrezeption keine Berücksichtigung findet. Wenige Diskussionen im Bereich der Bildenden Kunst werden seit Jahrzehnten so kontrovers geführt wie um Bedeutung, Funktion und Möglichkeiten von Kunst im öffentlichen Raum. Stammt das historische Konzept von der jahrhundertealten Funktion der Vermittlung von Politik mit traditionellen Denkmälern auf der Grundlage eines kollektiv verstandenen Repertoires an Gesten und Symbolen ab, haben sich die Formen seit den 1950er Jahren extrem ausdifferenziert. Diese Entwicklung basiert nicht zuletzt auf der Tatsache, dass sich der Gestaltungswillen

Art and the Public

Constanze von Marlin
→ Art in Public Space between Art Genre and Political Action

The conceptual coupling of art and the public sphere is commonly associated with art in public space – which encompasses presentations of works of art in non-institutional outdoor space. This focus on the spatial accessibility of artworks is problematic, because it suggests that this type of art is public, yet in the case of museums or private collections, it isn't. On the other hand, it is apparent that the way the viewer is addressed and how the viewer reacts to the art is not considered. For decades, few discussions in the field of fine art have been as controversial as the significance, function, and possibilities of art in public space. While the historical concept still derives from the centuries-old function of mediating politics with traditional monuments based on a collectively understood repertoire of gestures and symbols, the forms have drastically differentiated since the 1950s. This development largely owes to the fact that the will to create and the sovereignty of interpretation have in part shifted – from state commissioners over to artists as agents in public space. For contemporary art, public space represents an exciting challenge because it describes a sphere shaped by

und die Deutungshoheit zum Teil von staatlichen Auftraggeber*innen auf die Künstler*innen als Akteur*innen im öffentlichen Raum verschoben hat. Für die aktuelle Kunst stellt der öffentliche Raum eine spannende Herausforderung dar, denn er bezeichnet eine Sphäre, die gesellschaftlich, sozial, politisch, ökonomisch und ästhetisch geprägt ist. Lässt sich angesichts dieser Komplexität von Funktionen und Determinationen vom öffentlichen Raum noch im Singular sprechen? Und welchen Einflüssen unterliegt die Kunst im öffentlichen Raum? Strukturale Veränderungen von Raumkonzepten durch die Ökonomisierung und Privatisierung des Öffentlichen, sowie künstlerische Handlungsfähigkeit im Sinne einer Erzeugung demokratischer Öffentlichkeit sind zentrale Fragestellungen.

Dr. Constanze von Marlin
ist Kunsthistorikerin und Kuratorin. Forschungs- und Tätigkeitsschwerpunkt ist die zeitgenössische Kunst, insbesondere Kunst am Bau und Kunst im öffentlichen Raum. Ihre Dissertation ›Public Art Space – Zum Öffentlichkeitscharakter der Minimal Art‹ erschien 2007. Mit Anne Schmedding gründete sie 2011 das Büro schmedding.vonmarlin, zu dessen Auftraggeber*innen die Neue Nationalgalerie und das Bundesbauministerium gehören.

societal, social, political, economic, and aesthetical factors. In view of this complexity of functions and determinations, is it still possible to speak of public space in singular terms? And what influences is art subject to in public space? Structural changes of spatial concepts resulting from the economisation and privatisation of the public sphere, as well as the artistic capacity to act in terms of creating a democratic public sphere, provide the central questions to be discussed.

Dr. Constanze von Marlin
is an art historian and curator. She focuses her research and activities on contemporary art, in particular art in architecture and art in public spaces. Her dissertation "Public Art Space – Zum Öffentlichkeitscharakter der Minimal Art" was published in 2007. In 2011, together with Anne Schmedding, she founded the office schmedding.vonmarlin, whose clients include the Neue Nationalgalerie and the German Federal Ministery of Building.

Sacha Kagan
→ A Plea for Artful Public Policies [queering convivialism and cultivating urban spaces of possibilities]

Die soziale Praxis von Kunst, die sich auf die städtische Öffentlichkeit bezieht, ist zwischen den verschiedenen Anforderungen und Widersprüchen von sowohl kulturellen Politiken [die selbst im Spannungsfeld von kultureller Demokratie, kultureller Demokratisierung und Neoliberalisierung stehen] als auch städtischen Entwicklungspolitiken [zwischen neoliberalen, kreativen Städten und den verschiedenen Diskursen um nachhaltige städtische Entwicklung] gefangen. Darüber hinaus ist sie mit dem weiter gefassten Kontext des Kapitalozäns konfrontiert und dem politischen Rechtsaußen als Antreiber von planetarischer Nicht-Nachhaltigkeit. Unter diesen Bedingungen beschränken sich die relevanten Gegenentwürfe künstlerischer Forschung und städtischer Intervention nicht länger auf kulturelle Politiken, sondern adressieren städtische Entwicklungspolitiken als Ganzes. Die sich lohnende Herausforderung für neue Organisationen, die mit den Künsten arbeiten, ist daher nicht nur, die Instrumentalisierung von Kultur zugunsten neoliberaler, urbaner Politiken und der Weltordnung im Kapitalozän zu kritisieren, sondern zudem Politiken und Strategien zu unterlaufen, fernab von dem immer noch vorherrschenden, sozialen Bild von Kontrolle,

Sacha Kagan
→ A Plea for Artful Public Policies [queering convivialism and cultivating urban spaces of possibilities]

The social practice of art relating to the Urban Public is caught in between the various demands and contradictions of both cultural policies [themselves undergoing tensions between cultural democracy, cultural democratisation, and neoliberalisation] and urban development policies [between neoliberal creative cities and various discourses of sustainable urban development]. Furthermore, it faces the wider contexts of the Capitalocene and of the political far-right as drivers of planetary unsustainability. Under these conditions, the relevant counterparts of artistic research and urban interventions are no longer circumscribed cultural policies, but urban development policies as a whole. The worthwhile challenge for new organisations working with the arts is then not only to critique the instrumentalisation of culture for neoliberal urban policies and Capitalocenic world order, but also to queer politics and policies away from the still-dominant social imaginary of control, planning, and management. In so doing, cultural organisations may ally with the transversal, truly transdisciplinary qualities of spaces of possibilities emerging from bottom-up local initiatives and networks. Possible strategies

Planung und Management. Damit könnten kulturelle Organisationen sich mit den transversalen, wahrhaft interdisziplinären Eigenschaften von Möglichkeitsräumen verbinden, die aus lokalen, unten ansetzenden Initiativen und Netzwerken emporwachsen. Mögliche Strategien reichen von der Konstruktion ›Realer Utopien‹ [Erik Olin Wright] bis zur Einführung der ›eingebetteten Künstler*innen‹ in städtische Verwaltungsstrukturen [Frances Whitehead]. Weit davon entfernt, ›negativ‹ zu sein, befördern die Eigenschaften des künstlerischen [Nicht-]Wissens eine multisensorische und poly-intelligente Wortwörtlichkeit [und Erotik] von qualitativer Komplexität.

Dr. Sacha Kagan
arbeitete von 2005 bis 2018 als wissenschaftlicher Mitarbeit an der Leuphana Universität Lüneburg. Von 2015 bis 2017 war er der Vorsitzende des Forschungsnetzwerks Soziologie der Künste der ›European Sociological Association‹ [ESA RN2] und von 2007 bis 2016 Koordinator des internationalen Netzwerks Cultura21 [›Cultural Fieldworks for Sustainability‹]. Zudem ist er seit 2011 Mitglied des internationalen ›Ecoartnetwork‹.

range from the construction of "Real Utopias" [Erik Olin Wright] to the inoculation of "embedded artists" in urban administrations [Frances Whitehead]. Far from being "negative", the qualities of artistic [un]knowing advance a multisensory and poly-intelligent literacy [and erotics] of qualitative complexity.

Dr. Sacha Kagan
was working from 2005 to 2018 as research associate at the Leuphana University of Lüneburg, from 2015 to 2017 he was the chairman of the Research Network Sociology of the Arts of the "European Sociological Association" [ESA RN2], and from 2007 to 2016 he was coordinating the international network Cultura21 ["Cultural Fieldworks for Sustainability"]. Besides, he is amongst others a member of the international "Ecoartnetwork" since 2011.

Alexander Koch

→ Die Neuen Auftraggeber als Strukturmodell für eine zeitgenössische Kultur im Bürgerauftrag

Die Neuen Auftraggeber, das sind Sie. Menschen, die sich selbst eine Stimme und ihren Begehren eine Form geben wollen. Lange konnten nur wenige Privilegierte ein Kunstwerk in Auftrag geben. Heute kann das im Prinzip jeder. Wenn Bürger*innen mit Künstler*innen zusammenarbeiten, können Werke entstehen, die sie brauchen und die etwas verändern. Wer der Gesellschaft zeigen möchte, wo es klemmt, was er will und worauf er hofft, sollte zum Auftraggeber einer Kunst werden können, die nicht nur in Museen zu Hause ist, sondern im eigenen Lebensumfeld und mitten im öffentlichen Geschehen.
Im europäischen Netzwerk der Neuen Auftraggeber wurden über 500 Projekte realisiert, im Auftrag von tausenden von Menschen jeglicher Berufsgruppen und sozialer Hintergründe. Von der Großstadt bis zum Dorfplatz ist jeder Ort möglich und jedes Thema kann es wert sein, in Angriff genommen zu werden. Dabei können Institutionen wie Museen, Kunstvereine, Theater oder Kulturverwaltungen eine wichtige Funktion übernehmen und dem Engagement lokaler Gemeinschaften ihr Wissen und ihre Infrastrukturen zur Seite stellen. Über ihre angestammten Funktionen hinaus können sie dabei eine vertrauensvolle Rolle spielen und

Alexander Koch

→ The New Patrons as a Structural Model for a Contemporary Culture Commissioned by Citizens

The new patrons, that's you – those who seek to give themselves a voice and their desires a form. In the past, only a few privileged people were able to commission a work of art. Today, in principle, anyone can. When citizens work together with artists, works can be created based on their needs, works that also have the potential to change something. Any individual who feels compelled to point out how society could be improved, to share their own desires and hopes, should be able to become a patron of art – of art that finds its home not only in museums, but also in one's own living environment and at public events. In the European network of New Patrons, over 500 projects have been realised on behalf of thousands of people from all kinds of professions and social backgrounds. From the big city to the village square, any location is possible, and any subject can be worth addressing. Institutions such as museums, art associations, theatres, or cultural administrations can play an important role in this process and provide local communities with their knowledge and infrastructure. Beyond their traditional functions, these institutions can play a trusting role and strengthen

Kultur dort stärken, wo sie aktiv nachgefragt wird, nach neuen Formen sucht und neue Öffentlichkeiten schafft.

Alexander Koch
ist Galerist, Kurator und Autor. Von 2000 bis 2005 war er Dozent an der Hochschule für Grafik und Buchkunst in Leipzig. Seit 2008 ist er Co-Initiator der Neuen Auftraggeber/ New Patrons in Deutschland sowie Mitbegründer der Galerie KOW in Berlin. Seit 2017 ist er Direktor der Gesellschaft der Neuen Auftraggeber. Seit 1998 treten zahlreiche Ausstellungen und Publikationen für eine gesellschaftlich orientierte Kunst ein.

Susanne Weiß [Moderation]
ist Museologin und lebt und arbeitet als Kuratorin und Kunstvermittlerin in Berlin. Nach ihrer fünfjährigen Tätigkeit als Direktorin des Heidelberger Kunstvereins ist sie für das Projekt ›Burg gestaltet!‹ der Kunsthochschule Halle tätig sowie für den Hamburger Bahnhof – Museum für Gegenwart und das Institut für Auslandsbeziehungen [ifa].

culture where there is a demand, where it seeks new forms and creates new public spheres.

Alexander Koch
is a gallerist, curator, and author. From 2000 to 2005 he lectured at the Academy of Visual Arts in Leipzig. Since 2008 he has been co-initiator of the New Patrons in Germany and co-founder of the gallery KOW in Berlin. Since 2017 he has been director of the Gesellschaft der Neuen Auftraggeber [Association of New Patrons]. Since 1998, numerous exhibitions and publications have advocated for socially oriented art.

Susanne Weiß [moderation]
is a museologist and lives and works as a curator and art mediator in Berlin. After five years as the director of the Heidelberger Kunstverein, she is now active in the project "Burg gestaltet!" [at the University of Art and Design Halle] and works with Hamburger Bahnhof – Museum of Contemporary Art and the Institute for Foreign Relations [ifa].

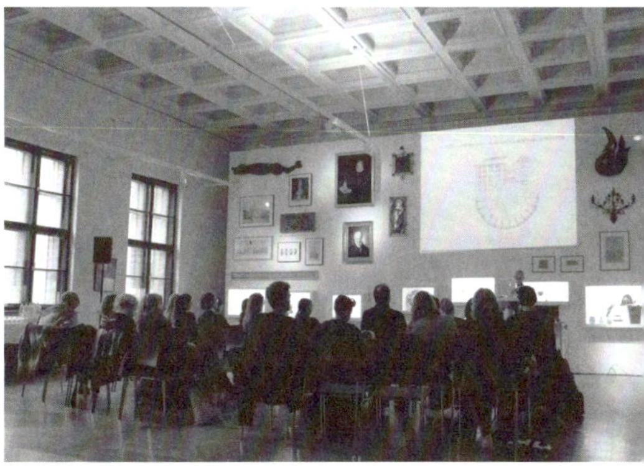

Bedingungen ortsspezifischer Kunstpraktiken

Claudia Bosse
→ Archäologien in der Zeit

Unter welchen Bedingungen und welchen spezifischen Nutzungen werden Räume zu Ko-Autoren künstlerischer Arbeit und zugleich konkrete Situationen sozialer und politischer Auseinandersetzungen? Welche administrativen und rechtlichen Konsequenzen provozieren Interventionen in Stadträumen oder in anderen [auch] ko-genutzten Architekturen? Welche Folgen haben diese rechtlichen und sozialen Rahmungen für eine künstlerische Arbeit? Welche Spuren finden sich als Inskriptionen verschiedener früherer Nutzungen bei raumarchäologischen Erkundigungen an spezifischen Orten? Wie werden diese Spuren sichtbare Elemente einer künstlerischen Arbeit? Welche Verwebungen zwischen Dokument und Fiktion können diese erzeugen? Oder welche Überlagerungen mit Stadträumen oder Grenzen behaupten künstlerische Arbeiten und ihre temporären Inbesitznahmen? Ja, was kann Kunst erzeugen als Überschreibung oder Dialog mit vorhandenen Ablagerungen in Räumen durch die Zeit? Diese Fragen werde ich anhand von

Conditions of Site-Specific Art Practices

Claudia Bosse
→ Archaeologies in Time

Under which conditions and with which uses do spaces become co-authors of artistic work and at the same time concrete situations of social and political debate? Which administrative and legal consequences are provoked by interventions in urban spaces or other co-used architectures? What consequences do these legal and social conditions have for the respective artistic work? What traces can be found as inscriptions of different former uses when spatially and archaeologically exploring these specific sites? How do these traces become visible elements of an artistic work? Which interweavings between document and fiction can they produce? Or which overlaps with urban spaces or boundaries claim artistic works and their temporary possessions? Yes, what is art able to produce as an overwriting or in dialogue with existing deposition in spaces through time? I raise these questions by means of artistic works from my practice, which I have developed with theatercombinat.

Arbeiten meiner künstlerischen Praxis öffnen, die ich zum Teil mit theatercombinat entwickelt habe.

Claudia Bosse
lebt in Wien und Berlin und ist Künstlerin, Choreografin und künstlerische Leiterin von theatercombinat. Seit ihrem Studium der Theaterregie in Berlin arbeitet sie im Bereich des [experimentellen] Theaters zwischen Installation, [Raum-] Choreografie, urbaner Intervention und generiert politische Hybride als immer raumspezifische Settings für unterschiedliche Öffentlichkeiten. Bosse ergreift Raum als Textur für choreografisches Material und poetische Subversion. Letzte Projekte: 168 stunden [a tribute to everyday life and franz erhard walther] im öffentlichen Raum Wiens mit Tanzquartier Wien; POEMS of the DAILY MADNESS, ein Singspiel; REENACTING THE ARCHIVE, FFT Düsseldorf, beide gemeinsam mit Günther Auer; EXPLOSION der STILLE, Wien; WITNESSING of the TREES, MITsp – museu da imigração, São Paulo; the last IDEAL PARADISE, Tanzplattform Essen, 2018.

Claudia Bosse
lives between Vienna and Berlin and is an artist, choreographer, and artistic director of theatercombinat. Since studying theatre directing in Berlin, she has worked in the field of [experimental] theatre between installation, [spatial] choreography, urban intervention, and generating political hybrids as always space-specific settings for different public spheres. Bosse captures space as a texture for choreographic material and poetic subversion. Recent projects: 168 stunden [a tribut to everyday life and franz erhard walther] in the public space of Vienna with Tanzquartier Wien; POEMS of the DAILY MADNESS, a light opera; REENACTING THE ARCHIVE, FFT Düsseldorf, both together with Günther Auer; EXPLOSION der STILLE, Vienna; WITNESSING of the TREES, MITsp – museu da imigração, São Paulo; the last IDEAL PARADISE, Tanzplattform Essen, 2018.

Ellen Blumenstein
→ Der Bärenzwinger als kulturelles Desiderat

Gegeben sei ein Ort im Zentrum einer großen Stadt, der dennoch so versteckt liegt, dass nur wenige Menschen ihn bislang tatsächlich besucht haben. Dieser Ort hat eine kuriose, höchst spezifische Vergangenheit, die sich wie ein Plot für einen Roman liest: Fremdes, Wildes, Gewalttätiges kommen darin ebenso vor wie Freundschaft, Fürsorge, Gemeinschaft. Aber dieser Ort ist aus der Zeit gefallen, er will oder kann sich nicht widerstandslos in das städtische Gefüge eingliedern: Seine ursprüngliche repräsentative Funktion ist ideologisch überholt, doch eine Neugestaltung kommt wegen des geltenden Geschichtsbewusstseins ebenso wenig infrage. Hier kommt die Kultur ins Spiel. Sie soll das Dilemma überbrücken, indem sie den Ort historisch einhegt und musealisiert, dabei aber an zeitgenössische Themen anbindet. Soweit, so klar. Was aber, wenn dieses Szenario irrt? Wenn dieser Ort nicht überzählig, sondern gerade das ist, was dieser Stadt fehlt, was sie wünscht, ohne dass bislang jemand davon wusste? Wie würde diese Geschichte dann weitergehen?

Ellen Blumenstein
→ The Bärenzwinger as a Cultural Desideratum

A place that stands in the very centre of a huge city, which is nevertheless so hidden that only a few have ever visited it. This place has a curious, highly specific past that reads like a plot for a novel: strange, wild, violent aspects are equally as elemental here as friendship, care and community. But this place is quite the anachronism, having no desire to, or unable to, integrate itself into the urban fabric without resistance: its original representative function is ideologically outdated, but a redesign is just as out of the question due to its prevailing historical consciousness. This is where culture comes into play. It is intended to bridge the dilemma by fencing in and museumising the site's history, while simultaneously establishing a link to contemporary themes. So far, so good. But what if this scenario is off the mark? What if this place is not actually redundant, but precisely what this city lacks, what it wants, without anyone having known of its existence until now? How would this story unfold in such a scenario?

Ellen Blumenstein
entwickelte als erste Kuratorin der HafenCity seit August 2017 langfristige Strategien für den Stadtteil, um dort kulturelle Anliegen einer diversen Öffentlichkeit zugänglich zu machen. Zudem ist sie zurzeit Gastprofessorin für die Theorie und Praxis des Ausstellens an der Akademie der Bildenden Künste in Nürnberg. 2012–2016 leitete Blumenstein das Programm des KW Institute for Contemporary Art [Kunst-Werke], Berlin und realisierte dort unter anderem Einzelpräsentationen von Kader Attia [2013], Lizzy Fitch / Ryan Trecartin [2014] und Renzo Martens [2015] sowie die thematischen Ausstellungen ›Echte Gefühle. Denken im Film‹ [mit Franz Rodenkirchen und Daniel Tyradellis, 2014], ›Fire & Forget. Unter Waffen‹ [mit Daniel Tyradellis, 2015] und ›Secret Surface. Wo Sinn entsteht‹ [mit Catherine Wood, 2016]. Zuvor konzipierte sie Projekte unter anderem für die Kasseler documenta [2012], den isländischen Pavillon der Venedig Biennale [2011] oder das ZKM in Karlsruhe [2006], sowie für Museen in Spanien, Portugal, Brasilien und den USA. Im Zentrum ihrer kuratorischen Arbeit stehen die Entwicklung neuer Formate der Kulturproduktion und ihrer Vermittlung.

Ellen Blumenstein
as HafenCity's first curator, has been developing long-term strategies for the district since August 2017 with the goal of making cultural concerns accessible to a diverse public. In addition, she is currently a guest professor of Theory and Practice of Exhibiting at the Academy of Fine Arts in Nuremberg. Between 2012–2016, Blumenstein was programme director at KW Institute for Contemporary Art in Berlin, where she realised solo presentations by Kader Attia [2013], Lizzy Fitch / Ryan Trecartin [2014] and Renzo Martens [2015], as well as the thematic exhibitions "Echte Gefühle: Denken im Film" [with Franz Rodenkirchen and Daniel Tyradellis, 2014], "Fire & Forget: Unter Waffen" [with Daniel Tyradellis, 2015], and "Secret Surface: Wo Sinn entsteht" [with Catherine Wood, 2016]. She has previously conceived projects for documenta in Kassel [2012], the Icelandic Pavilion at the Venice Biennale [2011], and the ZKM in Karlsruhe [2006], as well as for museums in Spain, Portugal, Brazil, and the USA. Her curatorial work focuses on the development of new forms of cultural production and their mediation.

Sophie Lembcke [Moderation]
promoviert an der HFBK Hamburg zu den widerständigen Potenzialen von Kunst in Hybridisierungsprozessen. 2018 veröffentlichte sie den Sammelband ›Archive dekolonialisieren – Praktiken medialer und epistemischer Transformationen‹.

Sophie Lembcke [moderation]
is currently writing her doctoral thesis at the HFBK Hamburg about "resistive potentials of art in hybridisation processes". In 2018 she published the anthology "Archive dekolonialisieren – Praktiken medialer und epistemischer Transformationen" [Decolonising Archives – Practices of Media and Epistemic Transformations].

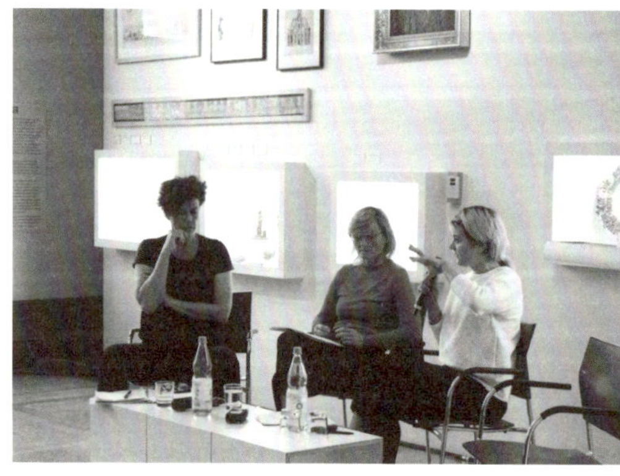

Künstlerisch-kulturelle Zwischennutzung, Stadtentwicklung und Denkmalschutz

Imke Woelk
→ Eine andere Natur

›Der Bärenzwinger, direkt am südlichen Zugang zum Köllnischen Park gelegen, entstand auf einer Fläche, auf der sich von 1900 bis zum Herbst 1938 ein Straßenreinigungsdepot mit öffentlicher Bedürfnisanstalt befunden hatte‹, lässt sich auf Wikipedia erfahren. Hätte diese Standortwahl noch zynischer ausfallen können? Heute ist die letzte Bärin als lebende Repräsentantin des Wappentieres von Berlin tot. Ihr Ausstellungsbau wurde zum Baudenkmal, zu einem architektonisch-historisch bedeutenden Gebäude, erklärt. Aber inwiefern? – möchte man gerne fragen. Architektur besitzt die Befähigung zur Repräsentation. Was aber wird hier repräsentiert? Der Bärenzwinger verdeutlicht auf beinahe ikonografische Weise das fragwürdige Verhältnis von uns Menschen zum Tier. Es ist Zeit für einen Bewusstseinswandel. Für wen halten wir uns? Sind wir nicht Teil einer gemeinsamen Natur? Was geschieht mit uns, wenn wir die Natur so behandeln?

Artistic-Cultural Temporary Use, Urban Development, and Preservation of Sites of Historic Importance

Dr. Imke Woelk
→ A Different Nature

"The Bärenzwinger, situated directly at the southern entrance of the Köllnischer Park, was constructed on a site where from 1900 until autumn 1938 a city sanitation depot with a public toilet once stood" according to Wikipedia. Could this choice of location have been more cynical? Today, the last remaining female bear and living representative of Berlin's heraldic animal is deceased. The site of her exhibiting has since been declared a monument; a building of architectural and historical significance. But in what way? – one must ask. Architecture possesses the ability to represent. But what is represented here? The Bärenzwinger shines a light on the questionable relationship between humans and animals in an almost iconographic way; and it is high timefor a change of consciousness. Who do we think we are? Aren't we part of a common nature? What are the consequences of humans acting towards

Mit dem Bärenzwinger wurde ein idealer Standort gefunden, um mit wechselnden künstlerischen Interventionen die Sensibilität für diese Fragen zu erhöhen. Vielleicht angefangen mit dem Thema: Wie sieht die Welt aus Sicht der Tiere aus? Wo, wenn nicht hier, gibt es die Chance, Hinweise auf das zu geben, was wir Menschen nicht sehen?

Dr. Imke Woelk
Architekturstudium an der TU Braunschweig und IUAV Venedig, Gaststudium der Freien Kunst an der HBK Braunschweig. 1993–1997 Mitarbeit bei Massimiliano Fuksas, Rom und William Alsop, London. Gründung des Architekturbüros IMKEWOELK + Partner, Berlin. 2000–2003 wissenschaftliche Mitarbeiterin an der TU Berlin, Labor für Integrative Architektur, Prof. Finn Geipel. 2003 Rom-Preis, Villa Massimo. 2005–2009 Gastprofessorin der Duksung Women's University, Seoul. 2010 Promotion an der TU Berlin. 2015 Forschungsstipendium der Danish Arts Foundation. 2016 Berufung in den Beratungsausschuss Kunst, Bereich Architektur und Städtebau, Berlin.

nature in this way? In the Bärenzwinger, an ideal location was found to enhance sensitivity towards these questions by means of ever-changing artistic intervention. The starting point might be the theme: What does the world look like from the perspective of animals? Where, if not here, is there a chance to pick up clues on what we humans do not see?

Dr. Imke Woelk
studied architecture at the TU Braunschweig and IUAV Venice. She was a guest student of fine arts at the Academy of Fine Arts, Braunschweig. Between 1993–1997, she collaborated with Massimiliano Fuksas, Rome, and William Alsop, London. She is the founder of the architectural office IMKEWOELK + Partner in Berlin. Between 2000–2003, she was research associate to Prof. Finn Geipel of the Laboratory for Integrative Architecture at the TU Berlin. She won the 2003 Rome Prize of the Villa Massimo German Academy. She was guest professor at Duksung Women's University, Seoul, between 2005–2009. She completed her doctorate at the TU Berlin in 2010, and in 2015 received a research scholarship from the Danish Arts Foundation. In 2016, she was appointed to the Advisory Committee of Art, Architecture and Urban Development in Berlin.

Christoph Rauhut
→ Denkmalort Bärenzwinger

Als bedeutender städtischer Identifikationsort, zu schützendes Baudenkmal und zugleich als spezifischer Nutzbau für eine heute nicht mehr existierende Funktion, die Haltung großer Tiere im städtischen Raum, eröffnet der Bärenzwinger spannende Nutzungsfragen – ähnlich wie man es bei nicht mehr benötigten Kirchenbauten kennt: Welche Nutzungen sind am Ort überhaupt möglich? Welche stehen in einem adäquaten Dialog mit der Geschichte des Ortes? Und welche Nutzungen brauchen oder auch wollen wir als Stadtgesellschaft in unseren [derzeit weniger werdenden] Freiräumen? Als Grundlage für diese Diskussion wird derzeit durch den Landschaftsarchitekten Reinald Eckert in Zusammenarbeit mit dem Architekten Pedro Moreira im Auftrag des Landesdenkmalamtes Berlin eine vertiefende denkmalpflegerische Erfassung des Bärenzwingers mit den dazugehörenden Freianlagen erarbeitet. Bestandteil dieser wird unter anderem die Baugeschichte des Bärenzwingers sein [Bau 1938/45/49, Umbaumaßnahmen 1941/42, Wiederaufbau 1950/51, Umbau der Haustechnik 1972, Grundinstandsetzung 1992], um den Denkmalwert des Gebäudes detaillierter und anschaulicher beschreiben zu können. Die Arbeit an dieser Studie hat bislang gezeigt, welche großen kurzfristigen Bemühungen es bauzeitlich zur Errichtung des

Christoph Rauhut
→ The Bärenzwinger, a Protected Site

As an important site of urban identification and a historical monument that is listed for protection, and simultaneously a specific utility construction for a function that no longer exists – the keeping of large animals in urban space – the Bärenzwinger opens up exciting questions with regard to utilisation – a situation familiar to us with church buildings that are no longer in service: What are the actual potential uses for this site? Which uses establish an adequate dialogue with the history of the site? And which uses do we as an urban society need or want in our [currently diminishing] open spaces? Forming the bedrock for this discussion, landscape architect Reinald Eckert, in cooperation with architect Pedro Moreira, is currently working on an in-depth monument preservation survey of the Bärenzwinger and its outdoor facilities on behalf of the Landesdenkmalamt of Berlin [Berlin Monument Authority]. The Bärenzwinger's timeline of development [first constructed in 1938/45/49; conversion measures in 1941/42; reconstruction 1950/1951; modification of building services in 1972; basic maintenance in 1992] all form an integral part of the survey and should enable us to characterise the structure's monument value in finer detail and in more descriptive terms.

Bärenzwingers gab, der, obgleich als Umbau eines Bestandsgebäudes geplant, im ganz Wesentlichen ein Neubau war.

Aktuelle Nutzungsüberlegungen könnten auch Referenzen an frühere Nutzungen des Ortes als Inspiration einbeziehen. Die ersten Ergebnisse zeigen, dass ein Ausgangspunkt für die weitere Diskussion zur Nutzung des Bärenzwingers der Köllnische Park sein sollte, der Reste einer Gartenanlage darstellt, die an der Memhardt'schen Festungsanlage seit Beginn des 18. Jahrhunderts entstanden war.

Dr. Christoph Rauhut
ist seit Oktober 2018 Landeskonservator und Direktor des Landesdenkmalamtes Berlin. Zuvor war er seit 2016 Referent in der Geschäftsstelle des Deutschen Nationalkomitees für Denkmalschutz [DNK] bei der Beauftragten der Bundesregierung für Kultur und Medien [BKM]. Hier war er unter anderem mit für die Begleitung und Koordinierung des Europäischen Kulturerbe jahres 2018 und fachpolitische Beratung zuständig. Rauhut hat Architektur an der RWTH Aachen und der ETH Zürich studiert und in Zürich am Institut für Denkmalpflege und Bauforschung promoviert.

To date, the work on this study has presented the great short-term efforts that were made to construct the Bärenzwinger, which, although conceived as a conversion of an existing building, was essentially a new one. Current utilisation considerations could draw inspiration in referencing earlier uses of the site. The initial results also indicate that the Köllnischer Park would be a starting point for further discussion on the use of the Bärenzwinger, which displays the remains of a garden that had arisen on what was once the Memhardt Fortress at the beginning of the 18th century.

Dr. Christoph Rauhut
has held the position of state conservator and director of the Berlin Monument Authority since October 2018. Prior to this, he was active as a consultant at the German National Committee for the Protection of Monuments [DNK] for the Federal Government Commissioner for Culture and Media [BKM]. His responsibilities there included the monitoring and coordination of the European Cultural Heritage Year 2018 and advising on specialist policy. Rauhut studied architecture at the RWTH in Aachen and the ETH in Zurich and received his doctorate from the Institute of Historic Building Research and Conservation and Building in Zurich.

Dr. Nele Güntheroth
→ Aneignung eines Stadtraums – zur Entwicklung des Quartiers am Köllnischen Park

Kommt man zum Märkischen Museum und Köllnischen Park, fühlt man sich eher wie am Rande der Stadt als mitten im Zentrum Berlins. Woran liegt das und welche Qualität kann das Quartier künftig gewinnen?
Grundlegend für die heutige Situation des Areals sind die Auswirkungen zweier verheerender Kriege: Der Dreißigjährige Krieg, der vor 300 Jahren begann, und der Zweite Weltkrieg, dessen Beginn inzwischen fast 70 Jahre zurückliegt. Als der brandenburgische Kurfürst nach 1648 an den Wiederaufbau der Mark Brandenburg ging, schien ihm der Bau einer steinernen Festung für seine Residenzstadt unerlässlich.
In militärischer Hinsicht war die Festung vor ihrer Fertigstellung überholt, aber das einst sumpfige Gelände hier am Ort aufgeschüttet. Es wurde seit Mitte des 18. Jahrhunderts zur Gartenanlage umgestaltet. Auf der Spitze der Bastion 7, heute Ecke Rungestraße / Am Köllnischen Park, befindet sich ein Spielplatz. Und ganz bewusst wurde um 1900 auf dem ehemaligen Festungsgelände das Märkische Museum errichtet, um auf die Stadtgeschichte Bezug zu nehmen. Die Ausrichtung seines Turms in einer Linie mit jenen des Roten Rathauses und des Stadthauses symbolisiert die Dreieinigkeit von städtischer Regierung,

Dr. Nele Güntheroth
→ The Appropriation of Urban Space – for the Development of the Quarter around the Köllnischer Park

When visiting the Märkisches Museum and Köllnischer Park, we get the sense of being on the edge of the city rather than in the centre of Berlin. Why is this and what future qualities can be gained in the quarter?
Fundamentally responsible for the area's current situation are the effects of two devastating wars: the Thirty Years' War, which broke out 300 years ago, and World War II, almost 70 years ago. When the redevelopment of the Markgrafschaft Brandenburg territory began after 1648, the construction of a stone fortress for the margrave's residence seemed paramount to the Elector of Brandenburg. From a military viewpoint, the fortress was obsolete before its completion, but the once swampy terrain of the area was at least filled in. Around the middle of the 18th century it was transformed into a garden. Today, a playground can be found at the corner of Rungestraße and Am Köllnischen Park, what was once the top end of Bastion 7. Around 1900, the Märkisches Museum was deliberately erected on the grounds of the former fortress as a reference to the history of the town. The orientation of its tower in alignment with those of the Red Town Hall and the Old Town Hall symbolises the trinity

Verwaltung und Geschichte. Diese Verbindung ist kaum mehr wahrnehmbar. Infolge von Zerstörungen zum Ende des Zweiten Weltkrieges und durch den Mauerbau 1961 ist die städtebauliche Anbindung verloren. Durch den Ausbau und die bauliche Verdichtung der umliegenden Quartiere, die Planungen zur Neukonzeptionierung und Sanierung des Märkischen Museums sowie zum Umbau und der Herrichtung des Marinehauses als Herzstück eines neuen Museums- und Kreativquartiers am Köllnischen Park und nicht zuletzt durch die Aktivitäten zur Zwischennutzung des Bärenzwingers erhält das Quartier aktuell eine neue Wahrnehmung. Im Zusammenspiel aller Anrainerinnen besteht die Chance, das gewachsene Potenzial des Ortes in die Entwicklung eines lebendigen Kultur- und Erholungsortes einzubringen.

Dr. Nele Güntheroth
Studium der Mathematik, Physik und Pädagogik an der Humboldt-Universität zu Berlin, Promotion über reformpädagogische Schulversuche im Berlin der Weimarer Republik, wissenschaftliche Mitarbeiterin der Stiftung Stadtmuseum Berlin.

of municipal government, administration and history. Today, this connection is mostly imperceptible. The aftermath of World War II and later the construction of the Berlin Wall in 1961 resulted in the loss of connections to urban development. Due to multiple factors, the perception of the quarter is currently undergoing a transformation: the expansion and structural consolidation of the surrounding quarters, the blueprint for the new conception and renovation of the Märkisches Museum as well as for the conversion and the preparation of the Marinehaus as the heart of a new museum and creative quarter in the Köllnischer Park, and not least due to the activities in relation to the Bärenzwinger's interim utilisation. Amidst the interaction of all residents, an opportunity is presented to harness the location's growing potential for the benefit of developing a lively cultural and recreational location.

Dr. Nele Güntheroth
studied mathematics, physics, and pedagogy at Humboldt-Universität zu Berlin. She wrote her doctoral thesis on school experiments in the context of progressive education in the Berlin of the Weimar Republic. She is a research associate at the Stadtmuseum Berlin Foundation.

Judith Laub [Moderation]
Programmleiterin für Stadtkultur, Bezirksamt Mitte von Berlin. Studium der Kultur- und Politikwissenschaften, Universität Vincennes-St-Denis / Paris8. Danach Übersetzerin für unter anderem ARTE, TV5 Monde. 2016 / 17 Referentin für Kunst am Bau, Berliner Senatsverwaltung.

Judith Laub [moderation]
Programme Director for Urban Culture, District Office of Berlin-Mitte. She studied cultural and political sciences at the University of Vincennes-St-Denis / Paris8; thereafter working as a translator for ARTE, TV5 Monde, among others. In 2016–17 she was a consultant for Kunst am Bau [Art-in-Architecture] of the Berlin Senate Department.

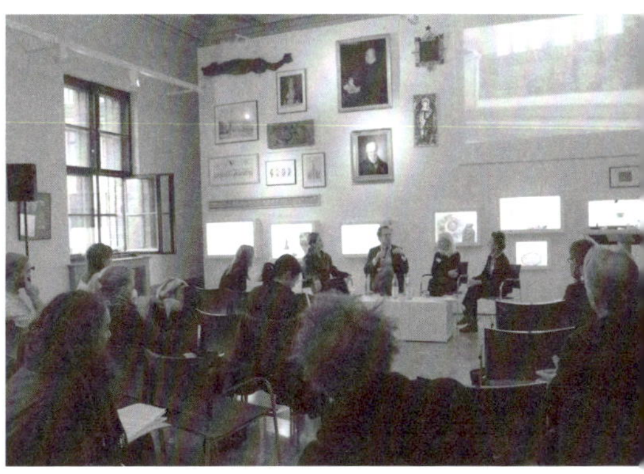

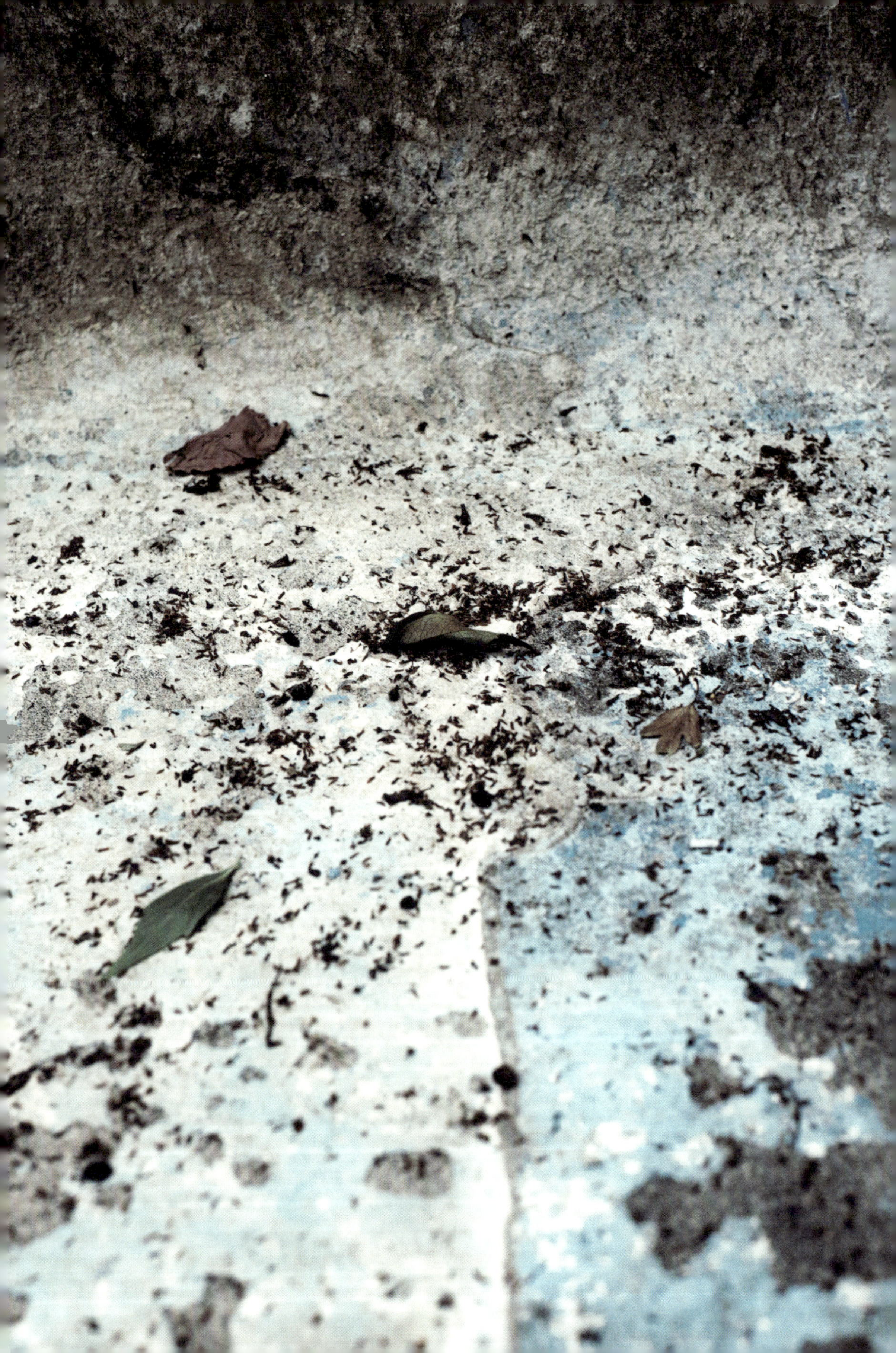

Epilog

Als
wir den Bärenzwinger zum ersten Mal betraten, wirkte die Zeit wie stehengeblieben. In der kleinen Teeküche der Tierwärter*innen trafen wir neben dem Wandkalender aus dem Jahr 2015 auf Kaffeetassen mit Bärenbildern, Bärensticker und -poster an Türen, Tischen und Schränken, auf Häkelgardinen mit Bärenmotiven über dem Eingang des roten Backsteinbaus. Und es roch nach Bär, noch immer intensiv.

Wir betraten einen Ort, dessen Geschichte deutlich präsent war. Ein ehemals vielbesuchter Ort, der lange Zeit zahlreiche Berliner*innen anzog, um die Braunbären zu bestaunen; nun beinahe verwunschen, schienen doch Sträucher und Ranken die Beton-Außenterrassen in vielschichtigem Grün zurückerobert zu haben. Gleichermaßen traten wir in ein Gebäude, das in der Millionenstadt Berlin bisher nur sehr wenige Menschen von innen gesehen hatten.

So standen wir unter einem der gotisch anmutenden Spitzbögen und konnten nur erahnen, wie unsere Ideen in den kommenden Monaten Gestalt annehmen sollten – zwischen Aufbruchsstimmung und Stromausfall, Ausstellungseröffnungen und Fußbodenheizung.

Epilogue

Upon
entering the Bärenzwinger for the first time, it appeared as if time had frozen. Along with the wall calendar from 2015 hanging in the zookeepers' tiny kitchenette, left behind were coffee cups displaying images of the bears, bear stickers and posters on doors, tables, and cupboards, crocheted curtains with bear motifs above the entrance of the red brick building. And the scent of bears, still so very intense.

We entered a place whose history was evidently present. A once much-visited site that for many years attracted countless Berliners to come and marvel at the brown bears is now almost enchanted, with shrubs and tendrils having reclaimed the concrete outdoor terraces in multilayers of green. At the same time, we entered a building that very few Berliners – in a city inhabited by millions – had ever seen from the inside.

So, there we stood, underneath one of the Gothic-style ogival arches, and could only imagine how our ideas would take shape in the coming months – amidst the sense of optimism, power cuts, exhibition openings, and underfloor heating.

Von Herzen möchten wir uns bei allen bedanken, die ebenso viele Überlegungen, Tatkraft, Leidenschaft und Durchhaltevermögen in den letzten eineinhalb Jahren in diesen Ort gegeben haben: bei Sabine Weißler, Bezirksstadträtin für Weiterbildung, Kultur, Umwelt, Natur, Straßen und Grünflächen sowie bei Dr. Ute Müller-Tischler, Fachbereichsleiterin für Kunst und Kultur des Bezirksamts Berlin-Mitte für die besondere Möglichkeit und das Vertrauen, die Entwicklung des Bärenzwingers mitzugestalten. Bei allen Künstler*innen, die sich für das Projekt begeistert und sich mit einem Ort auseinandergesetzt haben, der durchaus Herausforderungen mit sich brachte. Bei Viktor Schmidt für das graphische Gesamtkonzept, bei allen Live-Speaker*innen und Aufbauteams, mitdenkenden Köpfen und helfenden Händen, bei unseren Kolleg*innen im Fachbereich Kunst und Kultur, die uns oftmals den Rücken freihielten, beim Verein der Berliner Bärenfreunde und bei allen Gästen, die uns voller Neugier und Skepsis, Interesse und Offenheit begegnet sind.

Unser herzlicher Dank gilt ebenfalls der Senatsverwaltung für Kultur und Europa, durch die das Ausstellungsprogramm im Rahmen der ›Spartenoffenen Förderung‹ und des ›Fonds für Ausstellungsvergütungen‹ sowie das Symposium im Rahmen des ›Europäischen Kulturerbejahres – Sharing Heritage 2018‹ realisiert werden konnte, dem

We would like to sincerely thank all those who have invested as much thought, drive, passion, and perseverance into the site over the last one and a half years as we have – Sabine Weißler, District Councillor for Continuing Education, Culture, Environment, Nature, Streets and Green Areas; and Dr. Ute Müller-Tischler, Head of the Art and Culture Department of the Berlin-Mitte District Office – for the unique opportunity and their trust in us to shape the development of the Bärenzwinger. We would also like to thank all the artists who have enthusiastically committed to the project and have grappled with a space that certainly presents its challenges. Thanks to Viktor Schmidt for the overall graphic concept, all live speakers and construction teams, thinking heads and helping hands, our colleagues in the Art and Culture Department who often had our backs, the Verein der Berliner Bärenfreunde [Bear Friends Association of Berlin], and all the visitors we've encountered with all their curiosity and scepticism, interest and openness.

Our sincere thanks also go out to the Senate Department for Culture and Europe, through which the exhibition programme could be realised within the framework of the "Spartenoffenen Förderung" and the "Fonds für Ausstellungsvergütungen" as well as the symposium within the framework of

Stadtentwicklungsamt sowie dem Straßen- und Grünflächenamt Berlin-Mitte, dem Koordinationsbüro für Stadtentwicklung und Projektmanagement - KoSP GmbH, Förderband e.V., Jugend im Museum e.V., der Stiftung Stadtmuseum Berlin, insbesondere dem Märkischen Museum für die Bereitstellung ihrer Räume während des Symposiums, dem Arbeitskreis der kommunalen Galerien Berlin [KGB], der innogy Stiftung für Energie und Gesellschaft gGmbH für ihre freundliche Unterstützung im Rahmen der Ausstellung ›Habitat‹, dem Haus der Kulturen der Welt für die Zusammenarbeit im Rahmen von ›Swinger‹, itinerant interludes und der initiative neue musik für die Zusammenarbeit im Rahmen von ›Grabenblicke‹ sowie der Firma FSB – Franz Schneider Brakel GmbH + Co KG, mit dessen freundlicher Unterstützung die Arbeit von Mirjam Thomann im Rahmen von ›meeting with the other as such, but still‹ entstand.

Und wann kommen die Bären zurück? Wir sind sehr froh darüber, dass keine Bären mehr im Köllnischen Park leben müssen und blicken gespannt auf alles, was der Bärenzwinger zukünftig bereithalten wird.

the "European Cultural Heritage Year – Sharing Heritage 2018"; the Departments for Urban Developement as well as Streets and Green Areas of Berlin-Mitte, the Koordinationsbüro für Stadtentwicklung und Projektmanagement [KoSP GmbH], Förderband e.V., Jugend im Museum e.V., the Stadtmuseum Berlin Foundation, in particular the Märkisches Museum for making their premises available to us for the symposium, the Arbeitskreis der kommunalen Galerien Berlin [KGB], the innogy Stiftung für Energie und Gesellschaft GmbH for their kind support in the context of the exhibition "Habitat", the Haus der Kulturen der Welt for their collaboration in the context of the exhibition "Swinger", itinerant interludes and the initiative neue musik berlin for the collaboration in the context of the exhibition "Grabenblicke" as well as the company FSB [Franz Schneider Brakel GmbH + Co KG] for its kind support, through which the work of Mirjam Thomann in the context of the exhibition "meeting with the other as such, but still" could be realised.

And when will the bears return? We are very glad that no bears have to live at Köllnischer Park anymore, and we look forward to everything the Bärenzwinger holds ready in the future.

Evelyn Gregel
im Namen des künstlerischen
Leitungsteams
on behalf of the artistic
direction team
Dezember 2018

Biografien

Dr. Ute Müller-Tischler
studierte und promovierte an der Humboldt-Universität zu Berlin im Bereich Kunstwissenschaften und Ästhetik. Sie leitet den Fachbereich Kunst und Kultur des Bezirksamts Berlin-Mitte und initiierte das Projekt Bärenzwinger.

Julia Heunemann
war zwischen 2016 und 2018 Teil des künstlerischen Leitungsteams des Bärenzwingers und kuratorische Assistenz der Galerie Nord | Kunstverein Tiergarten. Sie ist Kultur- und Medienwissenschaftlerin, schreibt ihre Doktorarbeit über historische Tiefseeforschung und arbeitet als freie Kuratorin.

Sebastian Häger
war zwischen 2016 und 2018 Teil des künstlerischen Leitungsteams des Bärenzwingers und wissenschaftliche Assistenz im Bereich Stadtkultur und Kunst im Stadtraum des Fachbereichs Kunst und Kultur in Berlin-Mitte. Er ist Kommunikations- und Kulturwissenschaftler und arbeitet freiberuflich im Kunst- und Kulturbereich.

Biographies

Dr. Ute Müller-Tischler
graduated in art studies and aesthetics from the Humboldt-Universität zu Berlin. She is head of the Department of Art and Culture of the District Office of Berlin-Mitte and initiated the Bärenzwinger project.

Julia Heunemann
was part of the Bärenzwinger's artistic direction team between 2016 and 2018, as well as curatorial assistant at Galerie Nord | Kunstverein Tiergarten. She is a scholar of cultural and media studies, is completing a Ph.D. on historical deep-sea research and works as a freelance curator.

Sebastian Häger
was part of the Bärenzwinger's artistic direction team between 2016 and 2018, as well as scientific assistant for urban culture and art in public space at the Department of Art and Culture in Berlin-Mitte. He is a scholar of communication and cultural studies and works as a freelancer in the field of arts and culture.

Nadia Pilchowski
war zwischen 2016 und 2018 Teil des künstlerischen Leitungsteams des Bärenzwingers sowie kuratorische Assistenz in der Galerie Wedding für Bonaventure Ndikung und Solvej Ovesen im Rahmen des Programms UP – Unsustainable Privileges.
Sie studierte Kunstgeschichte in Berlin und Xiamen [VR China]. Sie ist Kuratorin und arbeitet als Programmkoordinatorin im Kunstraum Kreuzberg / Bethanien.

Evelyn Gregel
ist seit 2017 Teil des künstlerischen Leitungsteams des Bärenzwingers und Projektkoordinatorin für Kommunikation des Fachbereichs Kunst und Kultur in Berlin-Mitte. Sie studierte Kulturwissenschaft, Kulturmanagement und Musiksoziologie an der Humboldt-Universität zu Berlin sowie der Rijksuniversiteit Groningen.

Marie-Christin Lender
ist seit 2017 Teil des künstlerischen Leitungsteams des Bärenzwingers und kuratorische Assistenz von Bonaventure Ndikung und Solej Ovesen in der Galerie Wedding – Raum für zeitgenössische Kunst. Sie studierte Kulturwissenschafften, Kunstgeschichte und Kuratieren in Lüneburg, Edinburgh und Italien.

Nadia Pilchowski
was part of the Bärenzwinger's artistic direction team between 2016 and 2018, as well as curatorial assistant at Galerie Wedding for the programme UP – Unsustainable Privileges of Bonaventure Ndikung and Solvej Ovesen.
She studied art history in Berlin and Xiamen [PR China]. She is a curator and works as programme coordinator at Kunstraum Kreuzberg / Bethanien.

Evelyn Gregel
has been part of the Bärenzwinger's artistic direction team since 2017. She is also project coordinator for communication of the Department of Art and Culture in Berlin-Mitte. She studied cultural studies, arts management, and music sociology at the Humboldt-Universität zu Berlin and the University of Groningen.

Marie-Christin Lender
has been part of the Bärenzwinger's artistic direction team since 2017. She has also been the curatorial assistant to Bonaventure Ndikung and Solej Ovesen at Galerie Wedding – Raum für zeitgenössische Kunst. She studied cultural studies, art history, and curating at the University of in Lüneburg, Edinburgh and Italy.

Nandita Vasanta
ist Komparatistin und seit 2018 Teil des künstlerischen Leitungsteams des Bärenzwingers. Davor war sie Lehrbeauftragte und Mitarbeiterin am Institut für Künste und Medien der Universität Potsdam und betreute neben ihrer Lehrtätigkeit zahlreiche wissenschaftliche Projekte, Publikationen und Veranstaltungen.

Christopher Weickenmeier
ist seit 2018 Teil des künstlerischen Leitungsteams des Bärenzwingers und als wissenschaftliche Assistenz im Bereich Stadtkultur des Fachbereichs Kunst und Kultur in Berlin-Mitte Programmkoordinator in der Ruine der Franziskaner Klosterkirche. Er arbeitet freiberuflich als Kurator und Künstler mit Fokus auf zeitgenössischen Tanz- und Performanceprojekten.

Stefan Aue, Anne Hölck und Jessica Páez
wurden als Gastkurator*innen eingeladen. Stefan Aue konzipiert und realisiert Veranstaltungen, Publikationen und Ausstellungen zwischen Wissenschaft und Kunst und ist am Haus der Kulturen der Welt [HKW] tätig. Anne Hölck ist freie Szenografin an verschiedenen Theatern und kuratiert Ausstellungsprojekte im Feld der Human-Animal Studies. Jessica Páez arbeitet als freie Produzentin und Dramaturgin für Theater- und

Nandita Vasanta
is a comparatist and has been part of the Bärenzwinger's artistic direction team since 2018. Prior to that, she was a lecturer and assistant at the Institute for Arts and Media at the University of Potsdam and, in addition to her teaching activities, has managed numerous scientific projects, publications, and events.

Christopher Weickenmeier
has been part of the Bärenzwinger's artistic direction team since 2018. As scientific assistant for urban culture, Department of Art and Culture in Berlin-Mitte, he is programme coordinator at the Ruine der Franziskaner Klosterkirche. He also works as a freelance curator and artist, with a focus on contemporary dance and performance.

Stefan Aue, Anne Hölck and Jessica Páez
were invited as guest curators at Bärenzwinger. Stefan Aue conceives and realises thematic projects between science and art; he works at Haus der Kulturen der Welt [HKW]. Anne Hölck is an independent scenographer for theatre projects and curator in the field of human-animal studies. Jessica Páez is an independent producer and dramaturge in theatre and visual arts and has worked as a project coordinator

at Haus der Kulturen der Welt [HKW] since 2015. Their common interest in the artistic production of knowledge and collaborative practices of exhibiting unites them as a curatorial team.

Kunstprojekte und ist seit 2015 Projektkoordinatorin am Haus der Kulturen der Welt [HKW]. Als kuratorisches Team verbindet sie das gemeinsame Interesse an künstlerischer Wissensproduktion und kollaborativen Praktiken des Ausstellens.

Impressum
Colophon

Diese Publikation erscheint im Rahmen des Ausstellungsprogramms ›Bärenzwinger Berlin, Spuren – Architekturen – Projektionen‹, das von September 2017 bis Januar 2019 im Bärenzwinger stattfand.
This publication is published within the frame of the exhibition programme "Bärenzwinger Berlin, Traces – Architectures – Projections" which took place at Bärenzwinger from September 2017 to January 2019.

Bezirksamt Mitte von Berlin
Abteilung Weiterbildung, Kultur, Umwelt, Natur, Straßen und Grünflächen
Bezirksstadträtin Sabine Weißler

Amt für Weiterbildung und Kultur
Amtsleiter Michael Weiß

Fachbereich Kunst und Kultur
Fachbereichsleiterin
Dr. Ute Müller-Tischler

Bärenzwinger
Im Köllnischen Park
10179 Berlin
Germany

+49 [0] 30 9018 37461
info@baerenzwinger.berlin
www.baerenzwinger.berlin

Herausgeber
Editors
Fachbereich Kunst und Kultur,
Leiterin Dr. Ute Müller-Tischler

Künstlerisches Leitungsteam
Artistic direction team
Evelyn Gregel, Sebastian Häger, Julia Heunemann, Marie-Christin Lender, Tanja Paskalew, Nadia Pilchowski, Ulrike Riebel, Jan Tappe, Nandita Vasanta, Christopher Weickenmeier

Redaktion
Editorial team
Evelyn Gregel, Marie-Christin Lender

Gestaltung
Design
Viktor Schmidt

Fotografie
Photography
Theo Bitzer [Seite / Page 60, 61], Robert Eckstein [10–11, 38–41, 67–69, 152], Ivy Lee Fiebig [60], Fernando Gutiérrez Juárez [29, 32, 33, 49], Johanna Landscheidt [89–92], Alex Lebus [76,77], Trevor Lloyd [48, 57–59, 75, 78–81, 98–101], Juan Blasco Pecharromán [29–31], Kathrin Sonntag [93], Katharina Rose [47], Tobias Willmann [4, 6, 19–22, 46, 50, 82, 142]

Lektorat
Copyediting
Viola van Beek, Michele Faguet

Übersetzungen
Translations
Fiona McGovern, Nathan Moore, Michael Kitcher

Projektmanagement
Project management, Kerber Verlag
Lydia Fuchs

Herstellung
Production, Kerber Verlag
Jens Bartneck

Mit freundlicher Unterstützung der Senatsverwaltung für Kultur und Europa Berlin, Spartenoffene Förderung.
With the kind support of the Senate Administration for Culture and Europe Berlin, Cross-disciplinary funding.

Die Deutsche Nationalbibliothek verzeichnet diese Publikation in der Deutschen Nationalbibliografie; detaillierte bibliografische Daten sind im Internet über http://dnb.dnb.de abrufbar.
The Deutsche Nationalbibliothek lists this publication in the Deutsche Nationalbibliografie; detailed bibliographic data are available on the Internet at http://dnb.dnb.de.

Gesamtherstellung und Vertrieb
Printed and published by

Kerber Verlag, Bielefeld
Windelsbleicher Straße 166–170
33659 Bielefeld
Germany
Telefon +49 [0] 5 21 / 9 50 08-10
Fax +49 [0] 5 21 / 9 50 08-88
info@kerberverlag.com

Kerber, US Distribution
ARTBOOK | D.A.P.
75 Broad Street, Suite 630
New York, NY 10004
Telefon +1 [212] 627-1999
Fax +1 [212] 627-9484

Kerber-Publikationen werden weltweit in führenden Buchhandlungen und Museumsshops angeboten [Vertrieb in Europa, Asien, Nord- und Südamerika].
Kerber publications are available in selected bookstores and museum shops worldwide [distributed in Europe, Asia, South and North America].

ISBN 978-3-7356-0563-4
www.kerberverlag.com

Printed in Germany

baerenzwinger.berlin

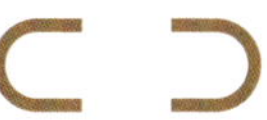

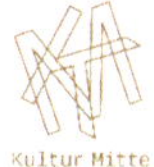

Kom
munale
Gale
rien
Berlin

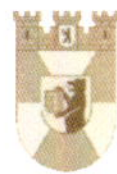

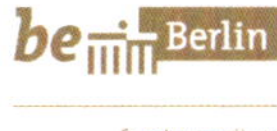

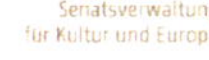

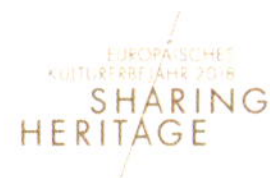

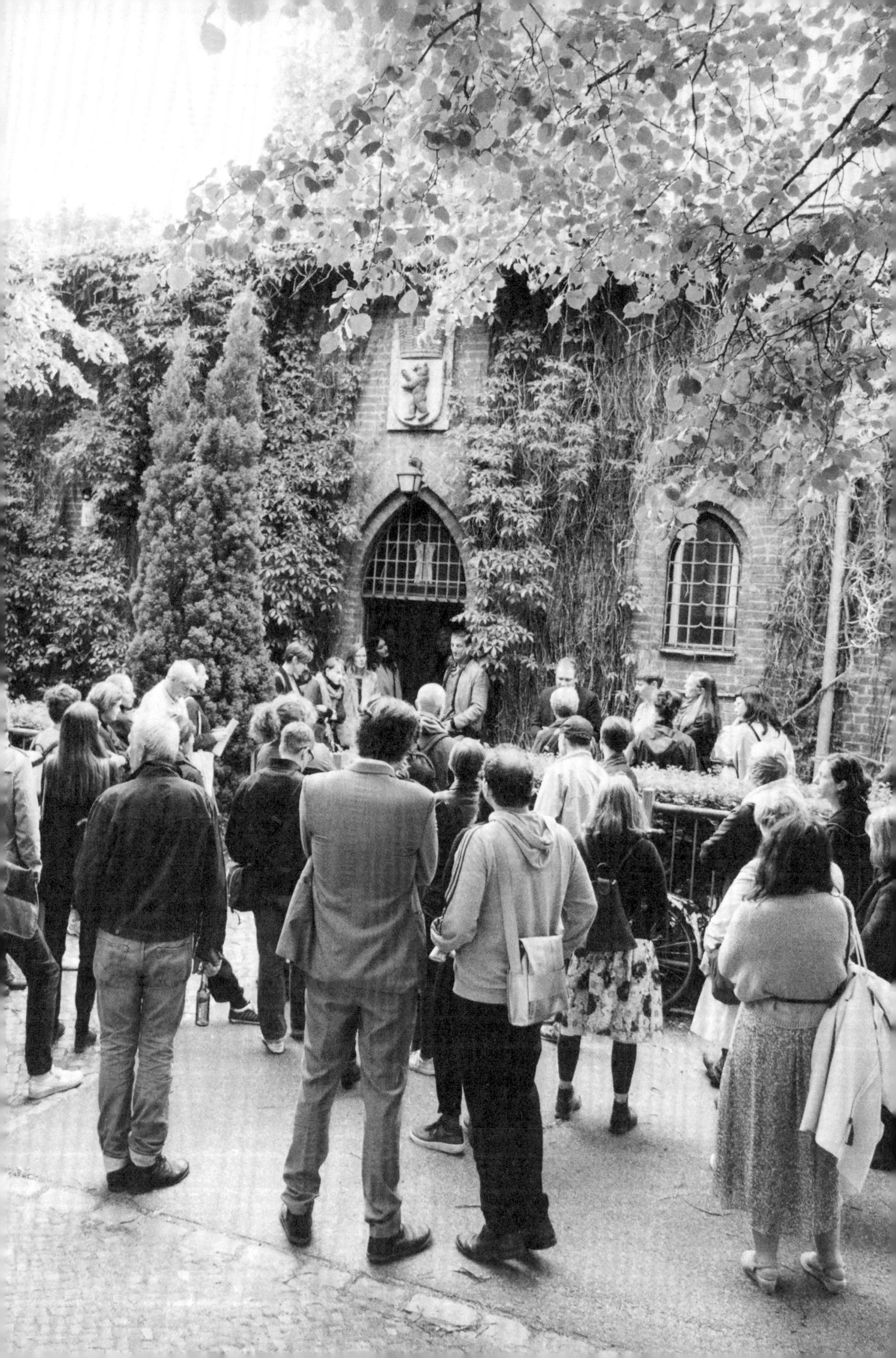